I0782610

Juntes
contra el sexisme i l'opressió

~ Grup de Reflexió i Suport Antisexista ~

Juntes contra el sexisme i l'opressió

~ Grup de Reflexió i Suport Antisexista ~

Agraïments

Aquest text no hauria estat possible sense l'esforç de més de trenta persones amb qui l'hem compartit prèviament a la seva publicació, que l'han llegit i aportat les seves crítiques i consideracions. Amb elles el text ha guanyat en argumentació, en matisos i en qualitat general, per la qual cosa hem d'agrair enormement el seu temps i disponibilitat. També a Xeito Ediciones pel seu treball d'edició i a una amistat molt especial per la seva correcció de la versió catalana del text.

Gràcies!!!

ÍNDEX

«L'autèntic interès per la realitat, per l'existir, pels altres, no és aquell que busca alguna cosa per a si mateix, per a satisfer les pròpies necessitats. Al contrari. Quan s'han deixat entre parèntesi les demandes és quan pot donar-se (produir-se, cultivar, ...) l'experiència ètica, estètica o religiosa. Les experiències valuoses són experiències de gratuïtat, no neixen de la lluita per uns guanys del tipus que siguin. Les impulsa el valor de la realitat mateixa per si mateixa...».

(Simone Weil)

«El que tenga una doctrina que se la coma,
antes de que se la coma el templo;
que la vierta, que la disuelva en su sangre,
que la haga carne de su cuerpo ...
y que su cuerpo sea
bolsillo,
arca
y templo».

(León Felipe)

Qui som i d'on venim?

Aquest text és fruit del treball de reflexió col·lectiva del Grup de Reflexió i Suport Antisexista, sorgit arran dels Campaments "Pensant l'Autonomia" que van tenir lloc el juliol de 2015 a Catalunya.

En el marc d'aquests campaments va sorgir espontàniament parlar de l'enfocament i les pràctiques referents al gènere que es duen a terme des dels nostres espais i moviments i en la societat en general. En relació a aquesta qüestió ens vam adonar que teníem moltes coses a valorar, qüestionar i debatre entorn al que s'anomena feminisme/s i del sexisme i l'antisexisme en general. Tenint en compte aquest interès i les ganes de seguir aprofundint en les qüestions que van sorgir, vam decidir impulsar un grup en el que poguéssim parlar i reflexionar amb calma i amb el temps suficient, amb consideració i empatia, i també amb voluntat de crítica i autocrítica, sobre tot el que veiéssim convenient d'abordar. Aquest grup va començar a caminar el novembre de 2015 i ara ens decidim a compartir algunes idees i reflexions que hem anat generant. Així, intentarem exposar en aquest text l'enfocament provisional que prenem sobre les qüestions referides, sintetitzant les idees de base que hem estat reflexionant i les conclusions parcials a les quals hem arribat, no amb la intenció de trobar respostes definitives sinó de «caminar preguntant-nos», com diuen les zapatistes, des de la llibertat de consciència i amb autonomia de pensament, i poder establir debat i diàleg amb totes aquelles persones i col·lectius que ho vulguin

Bases del grup

El grup no el formem persones "expertes" en res, ni erudites. Som persones del carrer que volem compartir les nostres percepcions personals i experiències directes, sentiments, emocions i pensaments al voltant dels temes que ens preocupen. No som teòriques feministes ni ens hem llegit molts llibres sobre les qüestions que abordem aquí. Creiem que això no ens ha d'impedir pensar i reflexionar conjuntament sobre allò que trobem escaient. Igualment, som conscients del nostre desconeixement i dels nostres possibles errors, i els assumim. Volem ser humils però també valentes. Esperem aconseguir-ho.

El nostre grup és mixt, hi participem tant homes com dones, persones amb diferents identitats de gènere i tendències sexuals. En la nostra experiència ens ha estat molt enriquidor tractar aquests temes juntes, ja que hem vist que les nostres problemàtiques concretes són més complexes del que poden semblar a simple vista però que al mateix temps s'entrellacen i que en gran mesura són comunes i a vegades, complementàries. Així, veiem que ens podem ajudar mútuament en el camí de comunicar-les i tractar-les col·lectivament.

Els nostres principis

- Estem en contra de tota forma de dominació: ens sentim part de les corrents que volen transformar aquesta societat opressora, que lluiten per l'autonomia material, psíquica i política de les persones, ...

- Ens mou la investigació dels fenòmens des de l'autogestió del coneixement, intentant ampliar el nostre marc de visió i construir el nostre propi discurs atenent a les nostres experiències, vivències i a altres discursos ja creats. No volem caure en discursos simples sinó intentar percebre al màxim la complexitat d'allò humà i de l'entramat de la vida en els temes que volem abordar.

-Estem per la llibertat de pensament i d'expressió, en horitzontalitat i en igualtat de possibilitats per exposar els propis posicionaments, estem obertes a escoltar-nos, a dialogar, a convèncer-nos, a debatre. Volem parlar amb persones i col·lectius que se sentin afins d'entrada a les idees que exposem i també amb d'altres que mostrin dubtes, reticències o menys afinitat. Estem contra tota forma de censura de discursos que no encaixin amb allò políticament correcte, establert ja sigui per les institucions del sistema com per determinats sectors socials alternatius. Pensem que cal trencar amb els tabús i poder generar un debat social sobre les qüestions que creiem oportunes, amb respecte i llibertat.

-Volem estar obertes de cor per generar espais d'empatia on poder tractar els temes dels quals normalment ens costa poder parlar amb honestedat i confiança. Per a tal fi ens hem dotat de dinàmiques i eines col·lectives per poder treballar la nostra dimensió més personal i íntima de la millor forma que hem sabut i esperem poder fer-ho millor en el futur i compartir-ho amb més persones.

Ens hem començat a fer preguntes

Des d'aquestes bases i intentant alliberar-nos al màxim de prejudicis i dogmes, hem començat a reflexionar al voltant de qüestions com ara:

-Quin ha estat el paper de dones i homes al llarg de la història? Han estat les dones sempre unes víctimes oprimides pel patriarcat? Han estat els homes sempre uns maltractadors dominants i privilegiats?

-Quines potencialitats veiem en les corrents que s'autodenominen feministes? Quines positivitats veiem en altres corrents que, malgrat potser no denominar-se feministes, poden aportar molt en relació a la superació del sexisme?

-Quines limitacions percebem en les corrents que s'autodenominen feministes o que pretenen superar el sexisme?

-Podem trobar perspectives que, recollint les positivitats dels moviments feministes i antisexistes, superin al mateix temps les seves limitacions?

-Quines formes prenen el patriarcat i el sexisme avui en dia en la nostra societat? Quines formes prenen les corrents feministes i antisexistes actualment?

-Quina és la situació en termes generals de les relacions sexo-afectives? Podem parlar de guerra de sexes?

-Què ens suscita l'aplicació de lleis com la Llei Integral contra la Violència de Gènere? La podem defensar? Per què? La podem qüestionar? Per què?

-Com vivim la nostra sexualitat, la relació amb el nostre cos, la relació amb el nostre gènere i com ens influeixen les corrents ideològiques imperants o alternatives en les nostres experiències de vida?

Aquestes i altres qüestions són les que hem volgut intentar respondre des d'aquest projecte i, en més o menys mesura, el present text vol ser una mostra de fins on hem arribat fins ara i del que ens falta per tractar.

1. Consideracions generals preliminars

La qüestió de l'opressió i la violència per motius de gènere, així com la reivindicació de la igualtat entre homes i dones, ha estat una constant des de finals del segle XIX i especialment durant el segle XX a Occident. Les lluites feministes i d'emancipació de la dona han posat sobre la taula la voluntat de participar en la vida pública en igualtat de condicions homes i dones, així com el fet de portar la revolució a la vida quotidiana, entre altres importants qüestions. S'han qüestionat la maternitat imposada, els rols estancats i limitadors, la repressió de la sexualitat, el paper de la família i, fins i tot, el gènere en si com alguna cosa monolítica, buscant la complexitat en identitats més amplies. Respectem i agraïm aquesta lluita en moltes de les seves formes, en les seves diverses tendències que han tractat de fer evolucionar el paper de la dona en la societat i, per tant, a tota la societat en conjunt.

Les persones i els moviments tractem en tot moment d'adaptar-nos a les circumstàncies que ens trobem i intentem millorar el món segons el context historicocultural on ens trobem, amb les visions que ens semblen més emancipadores a cada moment. Malgrat tot, el món canvia ràpid i les nostres anàlisis, propostes i tendències també ho haurien de fer, tot evolucionant a través de la crítica i l'autocrítica si no es volen fossilitzar en dogmes inservibles. Així, hem de mantenir vius els diàlegs, el pensament, el compartir idees, ja que això ens permetrà ser individus i comunitats autònomes, dotant-nos a cada moment dels nostres propis posicionaments i constituint una vida col·lectiva lliure i plena.

Sabem que en la qüestió dels feminismes i del gènere, actualment i des de fa uns anys, com en tants altres camps, la polarització és la norma. El sentit comú i el bon fer ens assenyalen la importància del pensament complex, però es bastant més habitual que les derives del pensament i el judici basculin entre unes tesis i les seves antítesis, que solen trobar-se unes a les antípodes de les altres, i a vegades les síntesis triguen en aparèixer, si és que apareixen. Així, ara mateix veiem el debat sobre els conflictes relacionats amb el gènere com una polaritat en una balança i som conscients que la nostra posició en aquesta balança, encara que no ens situï en cap extrem, es troba influïda per diversos factors dels quals parlarem seguidament, que repercuteixen en els nostres plantejament i anàlisi. No obstant, veiem que òbviament molts altres posicionaments es troben també influïts per aquests factors i que en tots els casos és important posar-los de manifest per tal que ningú es cregui en possessió d'una veritat absoluta.

En aquest sentit, quins factors hem de tenir en compte per entendre el que configura la nostra visió de cada situació, en el cas concret al qual ens referim actualment: la visió particular de la qüestió de les relacions i opressions de gènere?

En primer lloc, pensem que cal tenir en compte la influència que tenen les diverses "ulleres" amb les quals mirem la realitat: la nostra ideologia, forjada a través de lectures, teories, interpretacions, etc. Malgrat que aquestes ulleres ens poden ser útils per orientar-nos i fer-nos un mapa general de les situacions -el que s'ha anomenat per exemple «generalitzacions orientadores»[1]- això no ens hauria de fer perdre de vista que «la veritat és un fi prepolític»[2], i que, per tant, hauria de ser una tasca constant de totes aquelles persones "buscadores", per molt difícil que sigui a vegades, intentar mirar les coses de la manera menys condicionada possible, sense tants apriorismes, amb la mirada al màxim de neta possible. Entenem la recerca de la veritat com una forma de parlar tenint en compte els propis posicionaments (subjectius, culturals, ...) i, al mateix temps, tractant d'abstreure'ns d'ells per tal de mantenir la ment al més oberta possible. Així, partim d'un coneixement situat, però no partim de cap premissa inqüestionable ni axioma.

En segon lloc, és important prendre en consideració el pes de les experiències personals i l'empremta emocional que aquestes deixen en nosaltres. Intentar conèixer i assumir la part d'experiència personal de cadascú, que té molt a veure amb com valorem i jutgem les coses ja que el filtre de la nostra experiència ens connecta amb les nostres emocions i configura una realitat subjectiva que ens condiciona inevitablement. En aquest sentit, creiem que cal ser sensibles a les experiències personals o properes (traumàtiques o no) relacionades amb la qüestió del gènere, intentant no caure en una emocionalitat que pugui instrumentalitzar els nostres debats o directament els impedeixi, però sense negar que són qüestions que ens toquen directament.

En tercer lloc, com que som animals socials i vivim en societat -ara mateix instal·lats en un sistema basat sobretot en la dominació i la jerarquia- no podem obviar tampoc els factors biopolítics, estratègics i d'interessos que

---

[1] Concepte utilitzat per Ken Wilber, pare de la Teoria Integral.

[2] Expressió de la filòsofa Simone Weil i molt relacionada amb una de les cites que encapçala aquest text.

tenen influència sobre nosaltres dia rere dia, a través de l'educació, els mitjans de "comunicació", la propaganda, la coerció psicològica, econòmica, etc. Creiem que és important entendre que no vivim en un sistema neutral i, sense caure en la conspiranoia, veiem important tenir present que si som conscients de les estructures de poder que ens dominen, també hauríem de tenir present que el poder conspira per mantenir el seu domini. Així, creiem que cal ser molt crítiques i estar molt alerta amb els discursos i pràctiques que es promouen a cada moment des dels organismes de poder, i entendre que, a vegades, moltes coses que nosaltres veiem com a conquestes socials o que ens alegrem que des de determinades esferes de poder se'n faci ressò o es potenciïn, no són més que mesures contrarestants que el sistema necessita per seguir mutant i mantenir-se igual en allò essencial, canalitzant les demandes socials cap a fins que no qüestionin les seves bases. També poden ser maneres d'instrumentalitzar certes causes i demandes, cooptant-les i fent que contribueixin a mantenir les dinàmiques imperants. Més endavant veurem alguns exemples d'això.

Finalment, un quart factor a tenir en compte en l'anàlisi dels discursos i pràctiques relatives al gènere seria també valorar les diverses concepcions de la vida i de la naturalesa humana que totes tenim de fons, és a dir, els factors ètics-filosòfics-espirituals subjacents en cada persona i discurs i com aquests influeixen en la vida personal i col·lectiva en ambdós sentits. Així, tornant a la idea de balança que suggeríem al principi, ens trobem que les polaritats més accentuades entorn a la qüestió del gènere tenen a veure, per una banda, amb un sector de persones que tendeix a posar molt d'èmfasi en l'opressió de la dona per part de l'home i, per altra banda, un altre sector que no té potser prou en compte aquesta opressió i que tendeix a minimitzar-la o, fins i tot, a negar-la. Aquestes dues polaritats es poden explicar a partir de la interacció de diversos factors com els que hem exposat anteriorment i poden manifestar-se efectivament en persones que podem categoritzar clarament com a "masclistes", per una banda, i per l'altra també com a "femellistes", en els seus extrems.

Entre aquests dos pols hi ha molts grisos i també pot ser que els posicionaments, tant els extrems com els intermedis, s'expliquin per determinades visions sobre la vida i sobre la naturalesa humana (per exemple, en funció si aquelles persones pensen que sense Estat el poble es pot organitzar de manera no jeràrquica, autònoma, cooperativa, igualitària) o si pensen més aviat que «l'home és un llop per l'home» -o en aquest cas que «l'home és un llop per la dona», en una actualització de la màxima de Hobbes-). Així doncs, podria ben ser que si algú pensa que no n'hi ha per tant amb l'opressió històrica que ha patit la dona i que en molts moments històrics hi ha hagut una relativa igualtat, que l'home també ha patit i pateix discriminacions i no és només portador de privilegis, etc. això sigui a causa de molts motius i no tingui perquè ser directament una qüestió de masclisme o de corporativisme de gènere. En aquest sentit, pensem que hauríem d'acabar amb el pensament dicotòmic de "si no ets una cosa ets una altra" o de "si no estàs amb nosaltres és que estàs contra nosaltres", ja que ens impedeix pensar amb profunditat i complexitat.

Tenint en compte tot el que hem assenyalat, val a dir que, com hem comentat anteriorment, assumim que la nostra concepció actual respecte la qüestió dels sexes-gèneres ens situa en algun punt d'una amplia escala de grisos. Malgrat tot, intentem parlar des de la humilitat i la necessitat que sentim de constituir un contrapès a les tendències nocives que percebem al nostre voltant respecte aquest tema i que, segons la nostra opinió, tot i contenir elements que considerem positius, provoquen també greus contradiccions, problemàtiques i distorsions que ens disposem a assenyalar al llarg d'aquest text.[3]

2. Religions polítiques i censura

La primera qüestió a la qual ens enfrontem quan intentem abordar les temàtiques que tractarem en aquest text, és la censura dels pensaments dissidents respecte a la interpretació de les problemàtiques de les relacions entre gèneres. Els feminismes estan de moda i això significa que una versió determinada de la història s'ha fet més o menys acceptable, un nou paradigma s'està fent el seu lloc a l'imaginari social. Aquest nou paradigma pot tenir, certament, moltes positivitats. Al mateix temps, ens preocupa que qualsevol crítica o qüestionament de diverses pràctiques o discursos que es poden clas-

---

[3] Són pocs els textos i posicionaments crítics amb la forma d'enfocar les problemàtiques de gènere que coneixem. Com a excepció trobem interessants aquests textos de fa uns anys: "Cuando abusamos del abuso machista": http://www.nodo50.org/ekintza/spip.php?article442 i "Cansadas de tanto neofeminismo y políticamente incorrectas": http://www.alasbarricadas.org/forums/viewtopic.php?f=10&t=57489

sificar amb l'etiqueta feminista esdevingui una tasca àrdua amb seriosos costos personals[4]. Aquí, com en tants altres àmbits, si un/a no es defineix com a feminista, automàticament passa a considerar-se masclista[5]. Creiem que aquesta estratègia de blindatge i pensament dicotòmic és perjudicial per a l'evolució social.

Així, avui alguns feminismes estan esdevenint una "religió política", fet que significa que es veuen legitimats per assentar càtedra sobre allò que és veritable o fals al respecte de la interpretació de les relacions entre gèneres: hi ha els llibres oficials i imperatius que s'han d'haver llegit per poder tenir un criteri "científic" en relació a la qüestió; existeixen eminències públiques que interpreten correctament les premisses d'aquesta religió, i les persones

---

[4] Alguns exemples d'això que hem pogut conèixer són els següents: la censura contra l'autor de l'article "És el feminisme la solució al masclisme?" (http://www.blaidalmau.net/2015/03/es-el-feminisme-la-solucio-al-sexisme.html) que fa uns mesos va ser impedit de participar en un acte públic a Barcelona que no tenia res a veure amb la qüestió de gènere; també les crítiques i pressions a la persona que s'ha atrevit a llançar la pàgina web "SCUM, un cáncer a extirpar en el movimiento feminista" (https://antiscum.noblogs.org/); la reprovació de qui va escriure l'article en el marc de la CNT "Hembristas contra masculinistas: la guerra de sexos en el siglo XXI" (http://oviedo.cnt.es/2016/08/21/hembristas-contra-masculinistas-la-guerra-de-sexos-del-siglo-xxi/), o bé la rebuda de l'article del diari *Argia* del dia 11 d'octubre de 2015 "El hombre no muere mujer" (en euskera aquí:(http://www.argia.eus/argia-astekaria/2478/gizona-ez-da-emakume-hiltzen) entre molts altres exemples que podríem donar. Els darrers en els ambients alternatius que coneixem són un cas a Girona, ("Consecuencias de hacer este blog": https://feminismo2030.wordpress.com/2017/02/06/consecuencias-de-hacer-este-blog, un cas a Sabadell, de què parlarem més endavant ja que es tracta d'un cas paradigmàtic de les crítiques que posem sobre la taula i un cas a Barcelona que és de molta actualitat i en el qual també aprofundirem més endavant. També han estat criticades i censurades Prado Esteban a Espanya, per les seves visions heterodoxes respecte algunes qüestions dels feminismes, així com Camille Paglia als Estats Units per les seves crítiques al puritanisme sexual en aquell país, en especial a les universitats conservadores.

[5] De fet, ja s'està responent a certes crítiques que s'estan donant des de diversos àmbits amb l'argument principal que provenen de masclistes disfressats que pretenen mantenir els privilegis masculins. Vegeu per exemple: "Perpetuar el masclisme defensant la igualtat" (https://directa.cat/perpetuar-masclisme-defensant -igualtat)

dissidents o que qüestionen certs aspectes generalment són tractades d'ignorants i, de tant en tant, llançades a la foguera amb acusacions de masclisme o de dones ignorants de la seva opressió[6].

El més fàcil -i també allò més útil al manteniment de l'*status quo*- és caure en unes etiquetes superficials que polaritzen la societat i fan impossible un debat seré sobre continguts reals i profunds. Quan hi ha temes calents, conflictius (terrorisme, avortament, etc.), generalment costa mantenir la ment oberta i desinteressada i ens trobem enmig de dogmes, fes, prejudicis, males interpretacions i, sobretot, instrumentalitzacions variades per part de grups de diversa índole, a vegades per extreure'n substanciosos rèdits (econòmics, biopolítics, polítics, etc.) I això és el que està passant avui en dia en nom del respecte als "feminismes". Ho volem denunciar ja que no pensem que sigui manera d'avançar en la llibertat d'expressió ni el diàleg, ni de promoure el pensament crític ni, per tant, de caminar cap a una societat lliure i emancipada com la que volem[7].

Dit això ens disposem a seguir desgranant l'anàlisi i exposant les reflexions que ens han sorgit amb el treball del grup antisexista. Començarem abans de res per fer un breu repàs històric de l'evolució dels feminismes o moviments de dones organitzats, per situar-nos i entendre com hem arribat on som ara i després passarem a avaluar críticament qüestions més concretes.

---

[6] Un exemple recent es pot veure en aquest article de *El País* , amb recomanacions per a homes i dones per tal de no ser titllats de masclistes: "Tres trucos fáciles para no caer en el machismo" http://elpais.com/elpais/2017/05/16/icon/1494941093_977585.html.

[7] En aquesta línia, Evelyn Beatrice Hall, escriptora anglesa del segle XIX, va dir: «No estic d'acord amb el que dius, però defensaré amb la meva vida el teu dret a expressar-ho». També Simone Weil s'expressava en aquests termes: «La llibertat d'expressió total, il·limitada, per a qualsevol tipus d'opinió sense restriccions ni reserves, és una necessitat absoluta per a la intel·ligència.» Més recentment, Xavier Diez s'expressava en una qüestió concreta des del mateix posicionament crític amb la censura: «La virulència dels atacs i el linxament públic, tenen com a objectiu tàcit desacreditar una persona i les seves idees i, sobretot, impedeix un veritable debat sobre qüestions controvertides» *a* "Inquisicions": http://blocs.mesvilaweb.cat/xavierdiez/?p=269923.

3. Revisitant la història

Podem dir que la història es constitueix almenys per dos pols oposats i paral·lels, la història de les elits i de les classes privilegiades i la història dels que no surten a la història, la història dels sense poder. Ens cal llegir en l'esdevenir històric la lluita constant entre heteronomia i autonomia, i no una història simple i plana com la que ens imposen. Allò que es fa passar per història és normalment la dels primers.

Així, tenint en compte aquests dos pols, volem veure on es troba el masclisme i la dominació, si en tots els homes cap a totes les dones en tot moment històric, o si hi ha hagut sectors socials i moments històrics en què aquesta història plana es fa difícil de creure. Així, encara que en la major part de les institucions de poder hi hagin hagut homes, això no significa que tots els homes han estat sempre a les institucions de poder. Encara que moltes dones hagin estat dedicades a l'àmbit familiar, això no vol dir que totes les dones han estat recloses fent treball a la llar, ja que les dones de les classes populars sempre han treballat i l'estricta separació entre esfera pública i esfera privada és producte de la modernitat[8]. L'invent de la "mestressa de casa" és relativament nou i sobretot es dona entre les dones de classe mitjana i alta, abans d'estendre's a les classes populars.

La història oficial ens explica que l'home ha oprimit la dona des de temps immemorials. És fàcil imaginar la dona com, escoltant aquesta història, a mitjans-finals del segle XIX comença a posar sobre la taula indignada: «Jo vull ser com tu! Sóc igualment persona, tinc els mateixos drets!» (i aquí entra en escena el feminisme de la igualtat, la primera corrent feminista entesa com a tal, en el context de la revolució liberal). Simplificant-ho molt, podem pensar que al cap d'un cert temps, a partir de la segona meitat del segle XX, la dona exclama: «- Quina merda de món és aquest, el *teu* món, el món *masculí*! I pensa: -Si el món funciona així de malament potser és perquè manes tu, però... i si mano jo? Potser la història seria diferent...». I en aquest discurs entren també la majoria de corrents feministes actuals, tant els més sistèmics com els més crítics i alternatius: ambdós semblen defensar que un poder en femení seria millor. Si pensem que la cosa podria haver anat més o menys així, no seria estrany entendre l'evolució del feminisme actual com una es-

---

[8] Com explica Chistopher Lasch al llibre *Women and the common life.*

pècie de "nou proletariat del segle XXI", el subjecte revolucionari per excel·lència de la majoria de moviments d'esquerres. I malauradament, si és que és així, aquesta història ens recorda molt, massa, a la de la disputa per l'hegemonia de la classe treballadora en el marc de les estructures de poder capitalistes. En comptes d'impugnar el poder del sistema ens inscrivim en ell, apoderant-nos-en[9].

Fent una mica de cronologia podem dir que, en primer lloc, amb la revolució liberal -il·lustrada- les dones il·lustrades aspiren als mateixos drets i deures que els homes il·lustrats. Si bé a l'Alta Edat Mitjana a molts llocs d'Europa els homes i les dones participaven activament en la vida pública a través de les assemblees populars dels pobles i viles[10], en el nou sistema liberal aquestes es veuen perdent capacitat de decisió i actuació. Les dones de les classes altes, tot atenent-se al nou context, llancen les seves demandes d'igualtat, que s'aniran estenent cap a les classes populars més endavant, coincidint amb el desenvolupament de la Revolució Industrial. En el període d'emergència de l'Estat liberal podem veure que, per una banda, aquest comença a legislar sobre molts aspectes de la vida social basant-se en el dret romà, clarament patriarcal[11]. No podem dir, per tant, que tot el mal comença amb el liberalisme, sinó que ja des d'èpoques anteriors la misogínia contra la dona era fortament promoguda. En els segles XVI i XVII a Europa, la difusió del dret romà va tenir un efecte en gran part negatiu sobre l'estat legal

---

[9] Interessant la següent reflexió: «"Empoderamiento"es medrar y alcanzar puestos de poder de la "cultura dominante" en lugar de cuestionar la mera existencia de la pirámide jerárquica o su sustitución por sistemas horizontales en los que no haya roles sociales más valiosos que otros o sea necesario mejorar la influencia personal sobre los demás para ascender». A "El empoderamiento al desnudo".: http://lasinterferencias.blogspot.com.es/2014/01/el-empoderamiento-al-desnudo .html

[10] «El cuadro que surge de estos documentos [de la Edad Media] ofrece más de un rasgo sorprendente, puesto que vemos, por ejemplo, como las mujeres votaban igual que los hombres en las asambleas y las comunidades rurales, [...] en las actas notariales es frecuente ver una mujer casada actuando por sí misma para, por ejemplo, abrir una tienda o ejercer el comercio; y esto sin necesidad de autorización del marido. Y en los registros de los recaudadores de impuestos que han llegado hasta nosotros hay muchísimas mujeres que ejercen varios oficios: maestras de escuela, médicas, boticarias, yeseras, tintoreras, copistas, miniaturistas, encuadernadoras...» (Régine Pernoud, *Para acabar con la Edad Media*).

[11] "La codificación del patriarcado en la revolución liberal" al llibre *Feminicidio o autoconstrucción de la mujer* (Prado Esteban Diezma i Félix Rodrigo Mora).

civil de les dones en el període modern primerenc[12]. Amb el retorn del dret romà durant el renaixement, les dones es veuen molt perjudicades[13]. A partir del segle XVI es produeix la subjecció de l'església al poder civil (patronats reals, concordats, etc.) i tant aquesta com el poder secular van tenir responsabilitat en el creixement de la misogínia, ja que estaven units en una comunitat d'interessos.[14] Hi ha clars indicis que davant d'aquest dret patriarcal que impregna les doctrines del liberalisme estatalista es donen resistències per part dels homes i dones de les classes populars. Especialment, existeixen indicis que el «dret consuetudinari» -dret no codificat positivament sinó basat en els costums populars- era força més igualitari que el dret estatal de tall romanista[15]. Així, l'Estat-Nació capitalista, basant-se en el dret romà anterior, crea lleis destinades a privilegiar els homes davant de les dones (per exemple, al Codi Civil francès de 1804 i al Codi Civil Espanyol de 1889). Davant d'això trobem diverses postures: les dones, o bé lluiten contra l'estat liberal per les seves diverses implicacions o es mantenen apartades d'ell perquè veuen les seves reformes com un atac a la seva forma de vida tradicional, o bé d'alguna manera l'accepten amb certes modificacions i reformes. Les dones de les classes més privilegiades reclamen part del pastís: «ja que el nou sistema està establint certes lleis i codis», es diuen, «almenys que no ens marginin i que ens beneficiïn també a nosaltres» (alguns exemples d'aquesta postura serien la coneguda Mary Wollconescraft, autora de *Vindicació dels drets de la dona* i altres com Olympe de Gouges durant la Revolució Francesa[16]). Els escrits que trobem per la igualtat de drets són, òbviament, d'aquestes dones il·lustrades. Les dones de les classes populars és difícil veure

---

[12] Ho explica Merry Wiesner citada al llibre *El Calibán y la bruja*, de Silvia Federici.

[13] Regine Pernoud al llibre *Para acabar con la Edad Media*, al capítol "La mujer sin alma": https://es.scribd.com/document/346984513/Pernoud-Re-gine-Para-aca bar-con-la-Edad-Media-pdf

[14] Sobre aquest tema es poden consultar referències entorn a la història de la reforma protestant i pel que fa a països catòlics es pot estudiar entorn als patronats reals, els concordats i el regalisme, que són tot mostres de com el poder civil i eclesiàstic es van anar unint.

[15] David Algarra al seu llibre *El comú català* (pàg. 91) explica que un dels aspectes que sorprèn més de la Catalunya medieval és la independència i la igualtat de la dona davant de l'home en tots els àmbits. Les cartes de poblament en diversos casos parlen de la igualtat política de les dones i els homes en el marc del comú de veïns.

[16] La mateixa Olympe de Gouges va ser guillotinada pels revolucionaris liberals francesos per escriure la *Declaració dels drets de la dona i la ciutadana*, on recordava que la revolució liberal no podia ser un pas endarrere com de fet era, sinó

què feien ja que no escrivien, però com hem dit en la cultura popular trobem clares mostres de resistència en actes.

Així, aquestes reivindicacions il·lustrades són exemple de l'anomenat feminisme de la primera onada, dins del qual trobem el feminisme liberal, que posa l'èmfasi sobretot en la igualtat legal i d'oportunitats, el sufragisme, etc[17]. És clar que, en el mateix context liberal més tardà sorgeixen també altres feminismes: el feminisme socialista emmarcat en moviments revolucionaris com el marxisme, l'anarco-feminisme, etc.

Els moviments i paradigmes de la primera onada comparteixen l'enfocament de la igualtat, la voluntat d'una participació "empoderada" i equitativa de les dones tant en els estrats del sistema de poder com en moviments revolucionaris més d'esquerres (*Mujeres Libres*, per exemple). També comparteixen una perspectiva sobretot política del canvi, política en sentit més restrictiu del terme.

Els feminismes de la 2ª onada (anys 60's, 70's i 80's del segle XX), entre els quals trobem el feminisme radical d'esquerres, l'ecofemisme, el feminisme cultural,etc. són inseparables de l'emergència dels nous moviments socials o de la Nova Esquerra que es trobava en auge en aquell moment. Existeix una part d'aquest feminisme més essencialista, que remarca la diferència entre sexes-gèneres, sense negar una igualtat a nivell legal però tampoc restringint-se a ella. Per altra banda, el construccionisme social comença a entrar en escena, sobretot arran de l'acadèmització dels feminismes i de la

---

que calia mantenir la igualtat entre ambdós sexes pròpia de l'Edat mitjana, que posa de manifest Regine Pernoud al seu llibre *Para acabar con la Edad Media*.

[17] Emma Goldman, ja el 1906 feia la següent crítica al sufragisme a l'article "La tragedia de la emancipación de la mujer": «¡Libertad e igualdad para la mujer! Qué esperanzas y aspiraciones despertaron estas palabras cuando se pronunciaron por alguna de las más nobles y valientes almas de aquellos días (...) Mi esperanza se encamina igualmente hacia ese objetivo, aunque mantengo que la emancipación de la mujer, como se interpreta y se pone en práctica en la actualidad, ha fracasado en conseguir ese gran fin. Ahora la mujer debe hacer frente a la necesidad de emanciparse a sí misma de la emancipación si realmente desea ser libre (...) ¿Qué ha conseguido con su emancipación? Igualdad de sufragio en algunos Estados. ¿Esto ha purificado nuestra vida política como algunos bienintencionados predecían? Ciertamente no (...) Para la gran masa de muchachas y mujeres trabajadoras, ¿cuánta independencia alcanzan si la carencia y ausencia de libertad en el hogar es sustituida por la carencia y ausencia de libertad en la factoría, en el taller, en los almacenes o en la oficina?»

seva teorització, això és: l'èmfasi en la construcció cultural del gènere i en totes aquelles implicacions socials que comporten les diferències biològiques.

Aquests feminismes de la segona onada centren el seu enfocament en allò personal, no només en el canvi estructural, polític, etc., sinó que es regeixen per la famosa màxima "allò personal és polític", ja que en els racons més íntims es reprodueixen les relacions de poder.

Les dones es comencen a narrar a si mateixes com a grup social oprimit pels homes al llarg de la història. La reproducció i la maternitat es veuen com a càrrega i es replanteja la seva obligatorietat. De la mateixa manera, la institució de la família s'entén com a font d'opressió i es troba al punt de mira de les crítiques feministes. La sexualitat amb penetració i altres pràctiques heterosexuals s'equivalen a "patriarcals". Es qüestiona una feminitat que sembla que ens vingui donada de manera natural: es comencen a crear grups de dones per posar en qüestió allò que sembla venir donat i redefinir rols i sentiments (o opinions) d'una manera més conscient. Emergeix el lesbianisme com a opció política i no només sexual, tractant d'evitar d'aquesta manera les relacions de dominació. La violació no s'entén tant com un assetjament sexual sinó com una qüestió de poder. En general, els feminismes d'aquesta època contribueixen a portar la politització de la vida fins als racons d'allò més íntim.

L'esquerra fins aquell moment s'havia negat en gran mesura a fer una anàlisi personal de les opressions més enllà d'allò macroestructural general (opressió de classe) i el feminisme va baixar aquesta anàlisi també a la vida personal, a allò micro, específic. Va mostrar que no era suficient lluitar contra l'Estat, contra les estructures externes de dominació, sinó que les relacions de dominació es reproduïen amb més o menys intensitat en la vida quotidiana i que això no es podia atribuir només a unes estructures externes determinades. Això no ho va fer només el feminisme sinó que en els anys seixanta i setanta molts àmbits de l'anomenada Nova Esquerra van començar a desenvolupar una "revolució cultural". En aquest context es qüestionava tant el capitalisme com les seves alternatives estructuralistes i politicistes (per exemple, les tendències majoritàries del socialisme) que seguien reproduint el poder autoritari. Davant del menyspreu d'allò personal per afrontar els canvis i transformar el món, el feminisme i altres corrents parlen de la revolució en la vida quotidiana, "humanitzant" l'esquerra i qüestionant tot tipus d'autoritarismes.

Seguidament, emergeix la tercera onada de feminismes que té lloc a partir dels anys 90 i fins el dia d'avui. En aquesta tendència hi podem trobar el postfeminisme, el moviment queer, el transfeminisme i la lluita LGTB, entre altres.

En aquest marc, el construccionisme social ha triomfat: es renega i desconfia dels factors biològics i l'èmfasi en aquests s'equipara a biologisme o determinisme: tot és cultura i la resta són restriccions conservadores. El concepte de llibertat negativa[18] és també fonamental: "cadascú amb el seu cos pot fer el que li doni la gana". Les etiquetes que remarquen una determinada identitat, en aquest cas de gènere i/o sexual es veuen com un constrenyiment i una limitació i es proposa la dissolució d'etiquetes[19]. La identitat existeix però es refusen les etiquetes. Aquesta tendència té molt a veure amb el context postmodernista imperant en diversos àmbits així com els seus derivats (post-estructuralisme, entre altres). Des d'aquesta perspectiva es posa èmfasi en allò subjectiu i no tant en les relacions generals, així com en l'anàlisi dels poders no només estructurals sinó més concrets i invisibles (micropoders) seguint la línia del discurs de Foucault que va començar a posar-se de moda a finals de la segona onada.

En aquest sentit, com que les identitats s'entenen com una construcció social, augmenta la transversalitat i complexitat de les mirades: es posa l'accent en que és diferent ser home ric o pobre, dona blanca o negra, etc.: es detecten diferents nivells de privilegi i d'opressió. Així, trobem un enriquiment en la complexitat de l'anàlisi en comparació al feminisme anterior però això també comporta "fixar-nos tant detingudament en els arbres que ens oblidem de veure el bosc" (dinàmica clau en què fàcilment deriva la ideologia postmoderna).

De fet, a partir d'aquí, la tendència va més enllà del construccionisme social: a diferència de les diverses corrents que proposen construir-se d'una altra manera o que parlen de noves feminitats/masculinitats, aquest discurs promou la desconstrucció de gènere i el qüestionament del binarisme sexual. Emergeix una tensió entre (re)definir el subjecte femení i masculí o demolir

---

[18] La concepció positiva de la llibertat implica una llibertat *per a alguna cosa*, mentre que la negativa s'entén com una *absència de restriccions*.

[19] Una crítica interessant a aquest enfocament es pot trobar al text "Contra la teoria queer" http://www.ciudaddemujeres.com/articulos/Contra-la-teoria-Queer

la categoria de dona i home[20]. La tendència construccionista beu de la diferenciació sexe/gènere fins arribar a denunciar el binarisme sexual que no inclou caràcters sexuals menys definits o clars, apostant per una complexitat de gènere canviant i que es pot anar transformant.

Des d'aquesta perspectiva es dona molta importància a les pràctiques i identitats sexuals no normatives i no hegemòniques: moltes persones s'uneixen en la seva promoció i esdevenen una contracultura basada en visualitzar la marginalitat de formes de fer diferents a la norma, sobretot en allò sexual.

El construccionisme ha fet aportacions ineludibles al debat entre natura i cultura, i és una reacció lògica a l'essencialisme que mostren algunes tendències feministes com l'ecofeminisme o algunes tendències conservadores i retrògrades. Però és fàcil, en fer una crítica, sortir del foc per caure a les brases. Per sortir de certs entrebancs o posicions dicotòmiques podríem tenir en compte les teories que posen el continu dels sexes o la intersexualitat al centre del debat, que de fet no són gens noves i coincideixen essencialment amb les visions postfeministes de què parlem en l'actualitat. Així, ja a finals del segle XIX es va posar sobre la taula la realitat de la intersexualitat per als caràcters sexuals així com més endinsats en el segle XX els feminismes entenien el gènere dins d'un marc del *continu dels sexes*[21]. El sistema sexe-gènere no pot explicar la realitat sexuada de les dones i els homes i intenta explicar-la a partir de categories estanques, donant-li importància a allò biològic llegit des d'allò cultural, sense reparar en les biografies de cadascú, traient-li frescor a allò identitari. D'altra banda, la major part de l'antropologia defensa visions que al·ludeixen a una interrelació entre natura i cultura

---

[20] És interessant veure que aquest discurs que tracta de superar els problemes de las relaciones entre gèneres sortint del gènere, pot ser al mateix temps perfectament assimilat pel sistema de dominació actual. De fet, la tendència unisex es troba a l'ordre del dia, i, com diu Robert Kurtz: «(...) asistimos, al menos en las metrópolis en las que se concentra el capital financiero, a una inquietante convergencia entre los sexos y los roles que les son asignados. (...) Lo andrógino, sea masculino o femenino, sabrá movilizar su "sensibilidad" en la misma medida que su "firmeza", para vencer a la competencia, y combinar en el ámbito profesional competencias relacionales basadas en las emociones, a fin de que la máquina siga haciendo dinero.» a "Virtudes Femeninas": https://aginteahausten.wordpress.com/2015/11/09/virtudes-femeninas-crisis-del-feminismo-y-management-postmoderno-robert-kurz/

[21] Una explicació d'aquesta qüestió es pot trobar a l'article "De los sexos y sus diferencias": https://csolagatonera.files.wordpress.com/2017/01/delossexos.pdf

en la qual cap domina a l'altra sinó que s'influeixen mútuament. La realitat física i biològica existeix però sempre és viscuda de forma diferent en passar-la pel filtre de la pròpia experiència, la pròpia biografia. D'aquí la importància de la cultura, però d'una cultura que no hagi de negar la natura ni imposar dogmes o ideologies per sostenir-se, negant el cos i les experiències subjectives.

El feminisme més "alternatiu" en els darrers temps posa en el punt de mira l'ús "sexista" del llenguatge i tracta de promoure alternatives (com la seva feminització o l'ús de vocals que no remarquin un gènere o altre); es fan relectures de la història per fomentar la visibilitat de les dones que també han estat part activa d'ella en nombrosos camps (ciència, art, espiritualitat, literatura, revolucions, etc.); els homes comencen a ser requerits d'explorar les seves pròpies emocions, sentiments, també les seves pròpies opressions. No obstant això, la major part de l'energia avui en dia està focalitzada en la lluita contra la violència masclista i l'abús. Des del nostre punt de vista l'enfocament actual s'anomena alternatiu sobretot perquè les formes que fa servir són assembleàries, però això no ha de voler dir que els seus continguts siguin especialment revolucionaris. De fet, l'enfocament del feminisme alternatiu actual coincideix en gran mesura amb el del feminisme "oficial" o sistèmic pel fet d'articular-se al voltant de la qüestió de la violència de gènere. Això també té a veure amb el context, amb la debilitat de les posicions "revolucionàries" en general a la nostra societat i, per tant, no ens hauria de sorprendre especialment.

El feminisme més "oficial", que és el que arriba a grans capes de la població a través dels mitjans de masses, ha cooptat des de fa temps certes virtuts dels feminismes inicials per als seus propis fins. Es tracta, en qualsevol cas, d'un feminisme liberal, basat en promoure que les dones assoleixin llocs de poder en el sistema jeràrquic i competitiu en què vivim: es creen Ministeris d'Igualtat, lleis estatals contra la violència de gènere que són molt qüestionables a nivell de drets humans (canviant la presumpció d'innocència per la presumpció de culpabilitat, per exemple). Més endavant entrarem en detall en aquestes qüestions.

Finalment, podem dir que actualment s'està arribant a un nivell intolerable en l'ús del que podríem anomenar clarament *propaganda* respecte a la qüestió de les relacions entre sexes-gèneres: es construeix, partint d'una realitat real però parcial, un fantasma del "terrorisme masclista" per a dominar la societat i dividir-la, creant pors i tabús i fomentant un discurs únic. Podríem dir que aquest feminisme d'alguna manera pren el pitjor de les dues tendències històriques que hem analitzat. En la seva vessant positiva, de la tendència liberal, la qüestió de la voluntat d'assolir llocs de poder i ser iguals que els homes en aquest sistema pervers, i de la tendència més heterodoxa, connecta amb el discurs i les pràctiques contra la violència i l'opressió, promovent la creació de lleis, augmentant la vigilància estatal i policial de la població i aprofitant els seus mitjans de difusió per fomentar un discurs generalista que presenta els *homes* com a sector homogeni per enfrontar, cosa que té un clar impacte en com s'estan desenvolupant les relacions afectives en l'actualitat[22].

4. De feminismes i antisexismes

Per començar a concretar més les nostres reflexions, la primera pregunta que ens fem és: què entenem per feminisme? No neguem el/s feminisme/s ni ens definim com a antifeministes, ja que ens sentim compromeses a tenir en compte l'opressió específica que pateix la dona pel fet de ser dona, i la part "d'injustícia" i greuge històric que aquest fet pot haver comportat per moltes de nosaltres i encara comporta avui en dia en moltes societats i territoris d'aquest món, per molt o molt poc desenvolupats que se suposin. No obstant, sense tirar per la borda l'etiqueta de feminisme/s, nosaltres decidim parlar d'antisexisme perquè pensem que és una etiqueta més amplia i, tot i que no ens agrada fer servir etiquetes -esperem que pugueu entendre què diem més enllà de l'apel·latiu que ens posem- creiem que defineix millor el fet que, amb determinats feminismes, tot i compartir part de les seves anàlisis i reconèixer els mateixos fets, diferim en certes qüestions tant d'observació de la realitat com d'anàlisi de les causes de les problemàtiques que assenyalen, en l'estratègia que troben per superar els problemes que tenim, etc. Tot això ens fa buscar una manera de denominar-nos que remarqui aquestes

---

[22] Tota *campanya* crea una Noosfera Social, com diu Àlex Alfaro al llibre *La Noosfera Social*. Malgrat les campanyes, la violència d'homes cap a dones no ha cessat sinó que ha augmentat. Això pot tenir a veure, com expliquem a la nota al peu 57 d'aquest text, amb l'ampliació del concepte de violència de gènere, així com podria tenir a veure amb una profecia autocomplerta i a la influència dels mitjans de comunicació al tractar aquest tema amb un determinat enfocament, com argumentem a la nota 28.

diferències sense negar tots aquells punts en comú que compartim amb alguns sectors feministes. No pensem que hàgim d'acabar amb la identificació feminista que moltes persones poden sentir com a vàlida, tampoc volem que s'ens imposi ni autoimposar-nos cap identificació, simplement trobar-nos en un diàleg comú sobre idees i pràctiques concretes, més enllà de com ens vulguem dir. Farem unes pinzellades aquí sobre com entenem els dos conceptes i esperem que al llarg del text es podrà anar dibuixant també el mapa d'on ens situem.

Entenem el feminisme com la promoció de la dona, dels seus interessos, és a dir, el fet de posar la dona al centre (de l'anàlisi, de les propostes, de les denúncies, de les reivindicacions i de les solucions). Des de fa uns anys s'han anat ampliant les concepcions feministes fins a posar el centre en "els valors femenins" i, en la seva vessant més positiva, el feminisme actualment parla de "cures", de "posar al centre la vida", tracta d'impulsar una "economia feminista" i també defensa altres identitats sexuals i de gènere no normatives, cosa que celebrem, més enllà de l'etiqueta que se li vulgui posar i sempre que no es redueixin i s'atribueixin aquests discursos i pràctiques a un únic corrent social.

No obstant això, hi ha tendències feministes que considerem nocives, sobretot, perquè mostren un sexisme de signe oposat al que denuncien les feministes, sense acabar per tant amb el problema sinó essent part d'ell[23].

L'antisexisme tracta la no discriminació per raó de gènere, ni per "bé" ni per "mal". Contràriament, definim el sexisme com el fet de tractar diferent a algú per raó del seu sexe, és a dir, que ens obliguin, ens projectin subtilment o ens convidin obertament a ser o actuar a la vida de diferent manera o amb especial interès/desinterès pel fet de tenir òrgans sexuals masculins o femenins. De totes maneres, podríem distingir entre sexisme-discriminació (un tracte diferent amb objectiu de denigrar) i *discriminació positiva* (una intervenció afavoridora d'alguna cosa/algú amb l'objectiu d'equilibrar). En general, els feminismes tracten de posar de manifest la discriminació específica

---

[23] La tendència més extrema és la del feminisme SCUM, encara que hi ha altres tendències i grups als quals els mou una ideologia de l'odi contra els homes que creiem que cal denunciar. Moltes d'aquestes tendències cauen en aquesta ideologia de l'odi sense pretendre-ho, simplement perquè certs postulats de la teoria feminista poden derivar cap a això. També cal denunciar les tendències feministes "oficials" que amb la llei a la mà, juguen a una guerra de privilegis, asimetria legal i victimització que provoca molt dolor i crispació en la societat.

de la dona en molts àmbits i intenten evitar-la amb una *discriminació positiva*. Una *discriminació positiva* en alguns casos pot tenir sentit, però tal com està plantejada generalment avui en dia no ens sembla adequada. Ens semblaria millor, en alguns casos, parlar d'equitat de gèneres (per exemple, en el fet d'intentar que hi hagin sempre dones i homes en llocs de colideratge, com fan els kurds o els zapatistes per fomentar la implicació de la dona en l'àmbit polític; ens sembla bé intentar que hi hagi més equitat en el repartiment de les tasques domèstiques, etc.). Però en el nostre context, el problema amb les discriminacions positives és el mateix que amb els drets: necessitem una instància de poder que dictamini, en primer lloc, quan hi ha una discriminació -sostinguda i no ocasional, generalitzada a tot un sector de població que es pugui categoritzar- i en segon lloc, que implanti mesures per esmenar-la -mesures que poden caure en un sexisme de tipus contrari al que pretenen evitar, com passa en alguns casos en la lluita contra la violència de gènere, on s'acaba discriminant clarament els homes pel simple fet de ser-ho, com veurem més endavant. Avui en dia, aquestes dues qüestions solen recaure en instàncies de poder del sistema que ens imposen la seva ideologia i la seva agenda en pro dels seus interessos.

D'altra banda percebem, a nivell subjectiu, que ser considerades discriminades fàcilment ens pot portar a sentiments de victimització; a més, com a dones, ens inquieta pensar que en ser promocionades o valorades, això pugui ser simplement perquè cal complir una quota, i no per les nostres veritables qualitats i habilitats com a persones. Així, si bé hem de tenir en compte que no tota discriminació ha de ser negativa o sexista, sí que hem de veure i valorar també quan una discriminació positiva apunta l'equitat de gènere i quan cau en la desigualtat i la discriminació negativa.

L'antisexisme té en compte les opressions rebudes per tots els gèneres i tendències sexuals i no només les que van en una direcció determinada, de l'home cap a la dona. Encara que numèricament les agressions -especialment un determinat tipus d'agressions i en uns àmbits concrets- puguin ser majors d'un a altra, hi ha cada vegada més sectors socials i persones que denuncien agressions també per part de dones (cap a les seves parelles, cap als seus pares, als seus fills) i entre homosexuals i lesbianes la lacra de la violència no desapareix. Les opressions són alguna cosa molt més subtil i amplia que la mera violència que tots podem veure, ens afecten a tots de diferents maneres, amb moltes cares. Així, sense negar les qüestions numèriques, que s'han d'estudiar a fons[24], tampoc ens volem limitar a elles, ni volem que aquestes ens tanquin la porta a anar a l'arrel dels problemes i veure-hi més enllà[25].

Volem posar de relleu que les dones no han estat només víctimes sinó també agents actius al llarg de la història, tant per activa com per passiva, de la seva pròpia opressió i de l'opressió de les seves iguals. Això no significa culpabilitzar ningú, sinó assumir les pròpies responsabilitats. No podem negar que moltes dones -mares, tietes, àvies, etc.- han actuat de corretja de transmissió de valors sexistes cap a les noves generacions. També volem posar de manifest els privilegis que hem tingut i tenim pel fet de ser dones, uns privilegis que obviem simplement perquè el sistema en què vivim no els reconeix ni els valora i passem a valorar-nos només amb la vara de mesurar dels valors que el sistema sí que reconeix i promou.

Però des del nostre punt de vista, segueixen existint objectivament certs privilegis que com a dones hem tingut o tenim: durant moltes èpoques hem pogut estar amb els nostres fills en la criança, no hem hagut d'anar al front en cas de guerres, algunes hem pogut evitar un treball assalariat en molts casos igual d'alienant i degradant que l'odiosa figura de mestressa de casa, la nostra educació emocional ens permet un nivell d'empatia i comunicació amb les altres i amb nosaltres mateixes molt més difícil de trobar en els nostres companys de sexe-gènere masculí, etc. Per altra banda, així com visualitzem els privilegis femenins, volem posar de manifest també les agressions i opressions patides pels homes pel fet de ser homes, agressions perpetrades per altres homes i també per dones. Podem pensar en les múltiples violències que hem normalitzat i que, fins i tot, no advertim perquè no quadren amb el

---

[24] Com fa per exemple aquest article escrit recentment: "Comparativa de gènere en la parella". https://docs.google.com/document/d/1HKSBbuzo9tJFNjlCKY_gnn_t-YpAgMIufSWYfExRZr4/edit.

[25] En aquest sentit certs sectors del moviment queer ja han pogut constatar les limitacions de la major part d'enfocaments feministes a l'hora d'explicar les opressions que apareixen també en col·lectius LGTB. La resposta a aquesta evidència ha estat començar a parlar "d'actituds patriarcals" que es donen en tots els sexes-gèneres. Darrerament hi ha hagut un qüestionament d'això també per part de persones que es consideren feministes: "Quan aquí també passa" https://directa.cat/quan-aqui-tambe-passa.

nostre esquema mental agressor-víctima[26]. Pel que fa a les opressions específiques, podem invertir el llistat anterior per veure de què estem parlant en el cas dels homes.

Així, veiem la qüestió del sexisme com una conjunció de violències, alguna cosa conjuntural i promoguda per certes circumstàncies i valors, no estructural ni natural. Per exemple, la violència dels homes cap a les dones té molt a veure amb els nivells d'alcoholisme social, amb la degradació tradicional dels homes en un treball assalariat extenuant que els ha separat de les seves famílies i comunitats, amb lleis que han tancat explícitament la dona a la llar i han obligat a l'home a controlar-la, etc.[27] Tots aquests factors de degradació social han col·locat als homes en un rol opressor i violent, i a la dones en un paper de víctimes forçat, quan no també de perpetradores per passiva (per frustració, per exemple) cap als homes, cap als fills, cap a si mateixes[28].

Per tant, des de l'antisexisme considerem que cal una mirada més acurada, complexa i profunda sobre la qüestió de l'opressió de gènere, que no n'hi ha prou amb etiquetes fàcils i generalitzadores que des del nostre punt de vista distorsionen la realitat.

Per altra banda, considerem que avui en dia el feminisme està relegant les dones a tractar només «qüestions de dones». Això està provocant, sota el nostre punt de vista, que en determinats espais, si no es tracta la qüestió de gènere, les dones han deixat de ser-hi i, fins i tot, de pensar sobre altres te-

---

[26] Al Regne Unit s'ha realitzat aquesta campanya amb el lema *Violència és violència* i es constata com la societat reacciona diferent a la violència en funció d'on vingui, en funció dels estereotips socials: https://www.youtube.com/watch?v=u3PgH86 OyEM

[27] Per exemple, el Codi civil espanyol de 1889, hereu del dret republicà francès, inspirat en el dret romà patriarcal que imposa «El marido tiene el deber de proteger a la mujer y la mujer debe obediencia al marido». Malgrat això, no podem dir que l'opressió de gènere és només una qüestió de l'Estat. Existeixen relacions de dominació també en societats sense Estat, per la qual cosa podem pensar que l'estructura social pot potenciar o limitar certes tendències dels éssers humans, pot potenciar la cooperació, la jerarquia i la dominació, però que aquestes tendències es troben latents i mai totalment absents en qualsevol tipus de societat humana.

[28] És interessant aquest article que desmunta tabús i exposa realitats sobre el maltractament femení: "La mujer maltratadora. El tabú silenciado" http://www.psicodinamicajlc.com/articulos/jlc/muj_malt.html

mes. Sembla que les dones quan intervenen al món han de parlar com a do-
nes, o des de la perspectiva de dona, o de qüestions de dones. Així, encara
que veiem important encarnar els nostres discursos en qui som i visualitzar
les dones en diferents posicions i rols per ampliar l'arquetip inconscient que
tenim de què és una dona i què ha de fer una dona, també percebem que a
vegades se'ns tanca en aquesta gàbia del gènere i que se'ns valora o promo-
ciona com a dones, i no com a persones. Des d'una posició antisexista pen-
sem que no hauríem d'acceptar aquests biaixos, aquests privilegis enverinats.
Quan cantem, quan escrivim, quan actuem, sovint els feminismes ens eti-
queten com a feministes simplement pel fet de ser dones[29]. Així, malgrat que
estem orgulloses de ser dones, no volem que s'ens etiqueti d'una determinada
manera simplement pel nostre sexe. No volem que ningú ens representi fent
bandera del nostre sexe com a suposat punt d'unitat. Entenem que falten re-
ferents femenins i que aquest és un motiu pel qual els feminismes tracten de
representar diversos sectors socials femenins, però les dones com a dones
som moltes i molt diferents, i sovint en el nostre context complex malaura-
dament tant pot assemblar-se una dona a una altra dona com un ou a una
castanya.

Volem ser i actuar en el món com a persones, com a persones integrals i
multidimensionals, amb diferents atributs, un dels quals pot ser el nostre
sexe i allò que aquest fet suposi concretament en cada cas per a nosaltres, no
allò que s'ens atribueixi que hem de ser com a part d'una ideologia que pretén
dictar-nos d'on venim, on som i cap on hem d'avançar[30].

---

[29] Un exemple d'això és el de la filòsofa Marina Garcés, tal i com explica en aquesta
entrevista: "Hem de generar espais d'inquietud":
http://www.vilaweb.cat/noticies/58238/

[30] Aquesta qüestió és important si mirem també a nivell històric quins referents es
recullen com a precursores feministes. Per una banda, hi ha un intent de recuperar
figures femenines invisibilitzades, però que no necessàriament lluitaven per
l'emancipació de la dona ni com a dones, sinó per qüestions polítiques, per
contribucions científiques, per desenvolupaments espirituals, militars o guerrers (p.
ex., Boudicca o Maria Nikiforovia) i per altra banda hi ha dones que lluitaven com
a dones per l'emancipació de la dona però des de paradigmes que difícilment
encaixen amb els de les seves successores feministes. Això pot incloure dones que
no s'etiquetaven com a feministes (p. ex., *Mujeres Libres*): «No somos ni fuimos
feministas, luchadoras contra los hombres. No queríamos sustituir la jerarquía
masculina por una jerarquía femenina. Es preciso que trabajemos y luchemos juntos.
Porque sino, no habrá revolución social.» (Colectivo Mujeres Libres, 1936. Citat a
Ackelsberg, 1999, pàg. 25) fins a d'altres que potser es consideraven feministes però

5. De biopoder i interessos

Com hem introduït al principi del text, pensem que hem de tenir en compte com s'enfoca la qüestió de les relacions entre gèneres des del punt de vista dels *interessos* que hi pot haver darrera de cada posicionament que es manifesta. Així, en aquest tema, com en tants altres, hem d'analitzar la qüestió veient els factors que es posen de manifest i tenen una arrel popular, és a dir, que tenen a veure amb el comú de la gent (derivats de les diverses experiències i influències de cadascú que hem comentat anteriorment) així com també els factors que tenen a veure amb els interessos de les elits sobre la societat (que s'ha anomenat *biopolítica*).

La biopolítica, és a dir, la utilització del poder polític i econòmic per intervenir en qüestions vitals i dominar i manipular la societat a través d'elles, és una part important de l'anàlisi del poder estructural que sovint oblidem, absortes com estem en lluitar contra les manifestacions del poder a nivell d'estructures externes, en els nostres cercles més pròxims i en nosaltres mateixes. La biopolítica influeix sobre els factors racionals i emocionals que entren en joc en la qüestió del gènere, a causa de la desigualtat de poder que hi ha entre els sectors "privilegiats" de la societat i els sectors subordinats, fet que permet imposar determinats missatges, fer estudis i macro-estadístiques que demostrin allò que convingui, realitzar i difondre determinades teories i tesis, fer lleis i desenvolupar certes estratègies, realitzar campanyes mediàtiques que mostrin un discurs homogeni sobre una determinada qüestió, etc.[31]

---

amb uns continguts molt diferents als actuals i molt crítics amb les tendències que després s'han desenvolupat efectivament en els feminismes (p. ex., Emma Goldman, op. cit).

[31] Per exemple, l'enfocament d'algunes campanyes oficials contra la violència de gènere. Cal preguntar-se: si no es fan campanyes contra els suïcidis perquè està demostrat que parlar-ne augmenta el nombre de persones que ho intenten, aquest *efecte dominó* no es produeix també en parlar d'altres coses? Les estadístiques assenyalen que després de l'aprovació de la LOVG i de les múltiples campanyes associades, la violència contra les dones no ha deixat d'augmentar. Alguns sectors feministes ho aprofiten per reclamar més lleis, més policies i encara més campanyes..., però què és primer, l'ou o la gallina? E. Moreno en el seu estudi "De "violencia doméstica" a "terrorismo machista"": «El uso argumentativo de las denominaciones en la prensa exposa que: «nombrar una realidad en cierta manera significa crearla o, al menos, enfocarla bajo determinado prisma. Las corrientes ideológicas que subyacen en los documentos periodísticos no son ajenas a este

En aquest sentit, pensem que és important que les persones i moviments que ens pretenem transformadors i que som crítiques amb la realitat vigent, en cada qüestió que valorem i analitzem, tinguem sempre present a la ment les preguntes següents: «A qui beneficia la manera com s'enfoca aquesta qüestió?», «Qui pot tenir interès/ssos en què aquest tema es tracti o no es tracti, o que s'enfoqui des d'aquesta perspectiva i no d'una altra manera?» És a dir, que no perdem de vista la perspectiva "conspirativa" del poder, sense caure en la conspiranoia però essent realistes. Hi ha molts mitjans avui en dia, psicològics, propagandístics i d'altres, que s'utilitzen per fer experiments socials de diversa índole que realitza el sistema de poder puntualment a través dels seus més variats organismes (només cal que pensem com es manipula l'opinió pública en el marc de les diverses campanyes electorals, la promoció de les anomenades *revolucions grogues*, etc.)[32].

En el cas concret del sexisme, cal que ens preguntem: què significa la promoció per part de l'Estat i del mercat d'alguns discursos i pràctiques suposadament feministes? Quina forma se li dona? Quins objectius té? Pensem que normalment els discursos que es promouen responen a dues necessitats: per una banda, canalitzar els anhels, voluntats i demandes legítimes i reals de les persones i col·lectivitats per vies inofensives o que reforcin més el poder -estratègia de cooptació o canalització-, i per altra banda, implementar progressivament i subtilment una agenda que d'alguna manera beneficia les elits i que les manté al seu poder i privilegis[33].

En aquest sentit, pensem que els discursos més habituals, que tendeixen a magnificar l'opressió de la dona per part de l'home, li estan fent el joc al

---

fenómeno y, por ello, el uso preferente de un tipo u otro de expresión refleja determinadas estrategias argumentativas».

[32] Per posar un exemple, actualment està sobre la taula el fet d'instaurar la maternitat com un dret, i relacionat amb això, normalitzar les maternitats intervingudes, com per exemple, la maternitat subrogada. Per altra banda, en aquesta tesi doctoral es poden trobar nombrosos exemples de biopolítica al llarg de la història, des de la guerra psicològica al control de masses a "De madres y ex-pertos. Saber/Poder en el discurso psi sobre el cuidado materno": http://diposit.ub.edu/dspace/bitstream/2445/99201/1/CCD_TESIS.pdf

[33] En relació a aquest tema, tot i que no es redueixen a l'àmbit que estem tractant, és interessant el següent article sobre allò que s'ha anomenat *dissidència controlada:* "Y tú: ¿has sido alguna vez parte de la disidencia controlada?" http://www.lasinterferencias.com/2016/12/11/y-tu-has-sido-alguna-vez-parte-de-la-disidencia-controlada/

sistema a partir d'allò que podríem anomenar una versió sexista de la tradicional idea clau del pensament liberal i del capitalisme encarnada per Hobbes quan exposava que «l'home és un llop per a l'home». Així, ara la nova retòrica hobbesiana per renovar i reforçar encara més l'enfrontament entre els de baix -divideix i venceràs- seria la màxima «l'home és un llop per a la dona». Aquest discurs està calant a fons en les societats, tant en les suposadament desenvolupades com en les subdesenvolupades, i sense gaire qüestionament, ja que ha connectat amb les tradicionals demandes feministes per la igualtat i l'*empoderament* i es tenyeix de progressisme, quan de fet pot tenir un efecte veritablement contraproduent, aïllant-nos els uns dels altres i enfrontant-nos com si fóssim espècies diferents. Així, aquest nou discurs aparentment alliberador i protector podria ser poc més que un nou tipus d'opressió.

És important tenir present que l'interès màxim de les elits, ara i sempre, és el de la misantropia, és a dir, crear odi en la societat, ja que això els beneficia i els enforteix[34]. La violència per raó de gènere és un fet que no neguem, però tampoc no obviem, per molt que ens pesi, que el sistema actual -estructuralment violent- no té un interès real en eradicar-la, sinó que li és més beneficiós, de fet, mantenir-la i maximitzar-la que no pas acabar amb ella (el mateix ha passat i passa amb la lluita contra el «terrorisme», per exemple). Pensem que el poder s'ha apropiat de la lluita feminista i antisexista per capgirar-ne el sentit, agafant d'ella allò que li serveix per utilitzar-ho perquè doni els màxims rendiments als de dalt en termes de millorar la governabilitat dels de baix. Trobem nombrosos exemples d'aquesta cooptació i tergiversació a nivell històric[35] i en diversos àmbits: moltes de les suposades victòries populars que innocentment celebrem no són sinó concessions del poder que aquest dispensa quan li interessa per als seus objectius (per exemple, l'entrada de la dona al mercat de treball assalariat quan va ser necessari per qüestions productives, o en termes culturals, la promoció de la seva emancipació a través de l'hàbit de fumar tabac, adoptant en ambdós casos la legítima

---

³⁴ Ja ho diu la famosa cita de Tocqueville: «Un dèspota perdona fàcilment als seus governats que no l'estimin, mentre no s'estimin entre ells».

³⁵ Un cas interessant d'estudiar és l'origen de la data del Dia Internacional contra la violència vers les dones i la manipulació històrica que hi ha darrera seu: "Historia del 25N: de un acto de terrorismo de Estado a símbolo de la violencia contra la mujer": http://www.lasinterferencias.com/2015/11/15/historia-del-25-de-noviembre-de-un-acto-de-terrorismo-de-estado-a-simbolo-de-la-violencia-contra-la-mujer/

i necessària demanda d'autonomia i llibertat present en la societat i en els moviments feministes i canalitzant-la a través del mercat i d'hàbits de vida perjudicials que a més enriqueixen els majors negocis capitalistes)[36].Com a exemples més actuals podríem assenyalar les biotecnologies, la reproducció en laboratori de la vida, la maternitat subrogada, etc. davant les quals ens preguntem si son "innocents" progressos cap a un suposat augment de l'alliberament femení o una progressió més accentuada encara cap a la negació de tot allò vital i una derivació d'això cap a esferes tècniques, industrials, legals, etc., és a dir, de poder.[37]

Per finalitzar, és una obvietat dir que avui els feminismes estan de moda. Nombroses càtedres universitàries i estudis dedicats a aquesta qüestió, formant especialistes que després intervenen en l'àmbit social com si fossin un més, subvencions sucoses per a col·lectius, campanyes de sensibilització relacionades amb el paradigma de l'opressió de l'home sobre la dona, etc.[38] Creiem que val la pena preguntar-nos: ens estem conscienciant o ens estan conscienciant? De què i per què? Com afecta tota aquesta promoció d'un determinat discurs a la manera com percebem la realitat i a la forma com ens comportem?

---

[36] Les campanyes perquè les dones fumessin estan ben estudiades (Edward Bernays va aconseguir relacionar l'alliberament femení amb l'hàbit de fumar tabac: (http://www.enricromero.es/edward-bernays-mujeres-fumadoras/). L'entrada de la dona al mercat laboral també va ser un interès capitalista que va coincidir amb la demanda social feminista d'autonomia i emancipació.

[37] Aquí es poden trobar interessants reflexions sobre aquesta qüestió: " No somos vasijas, tampoco somos pajuelas": http://www.lasinterferencias.com/2017/04 /26/no-somos-vasijas-tampoco-somos-pajuelas/ o bé "Documental: explotación de óvulos y otros": http://www.lasinterferencias.com/2017/04/01/documental-explo tacion-de-ovulos-y-otros/ i també "Contra el regalo de recién nacidos": http://www.lasinterferencias.com/2017/01/30/contra-el-regalo-de-recien-nacidos/

[38] Així, és interessant veure que moltes persones que es posicionen públicament respecte la qüestió del sexe-gènere en un determinat sentit, directa o indirectament viuen d'això (per exemple, la figura dels agents per la igualtat o bé les diverses càtedres universitàries sobre gènere). És evident que en aquest context es fa difícil "mossegar la mà que et dona menjar". A "Los nuevos parias sociales": http://gestionconflictosfamilia.blogspot.com.es/2014/01/los-nuevos-pa-rias-socia les-jose-luis.html es diu que entorn a les 85.000 persones viuen de la "indústria del maltractament".

6. Per què no hi som, per què no hi són?

La segregació d'espais i pràctiques per raó de sexe ha estat una constant des de fa segles. Entenem que aquesta segregació de rols, que en la seva vessant positiva pot ser un simple acord funcional temporal -com ara si la dona està gestant o criant farà un determinat tipus de tasques, o en funció del tipus de tasques i la forma física de les persones es repartiran aquestes d'una manera o d'una altra segons el moment- pot acabar essent problemàtica quan en una societat heterònoma[39] s'institucionalitza un determinat funcionament que en un moment concret va poder ser útil i tenir el seu sentit per molts motius -i no només per dominar i oprimir, com se'ns diu-, i aquest s'estableix *in eternum* deixant-se de qüestionar, donant-se per descomptat com alguna cosa rígida i absoluta, i generalitzant-se a totes les persones d'un mateix sexe biològic sense tenir en compte altres característiques específiques de cadascú.

Així, quan la diferenciació de funcions en relació al sexe perd sentit o una part important del seu sentit, la societat s'estanca igualment en uns rols que venen des d'antic i que són difícils d'evolucionar. En el moment actual, per exemple, a les societats desenvolupades, el tipus de feines que fem uns i altres són molt semblants, però culturalment i *de facto* les diferències sexistes es mantenen més estables del que muta l'estructura i la dinàmica social. La visió feminista habitual ens diu que els homes utilitzen aquestes diferències per mantenir la dona oprimida, que ho han fet sempre i ho segueixen fent ara; una visió antisexista podria explicar-ho com que el sistema aprofita aquest estancament per mantenir el poble separat. Una versió sinèrgica podria ser que, en general, el *sistema* utilitza l'arquetip dels *homes* oprimint les *dones* per mantenir el *poble separat,* tot trencant una de les unions més bàsiques que sustenta des de fa mil·lennis la trama social horitzontal. Veient-ho així, no podem dir que l'Estat és neutral, o que manté la mateixa relació d'opressió amb homes que amb dones. Estem dient que l'Estat històricament ha utilitzat els homes per a oprimir les dones i, d'aquesta manera, controlar millor el poble, de la mateixa manera que avui en dia se serveix d'un *neopatriarcat* que utilitza les dones perquè treballin a favor del sistema mentre

---

[39] L'heteronomia significa que les normes, lleis, decisions, etc. venen de fora, i tu no pots participar directament en la seva elaboració ni execució. El seu contrari seria l'autonomia, que és una constant auto-institució de la societat, un replantejament viu de les normes i tradicions, decisions, etc.

creuen estar alliberant-se, i les enfronta al mateix temps contra els homes per perpetuar encara més aquesta divisió.

La reflexió anterior equival a posar sobre la taula que el que passa entre homes i dones no és tant per estructura sinó, en un primer moment, per conjuntura, i en un segon estadi, quan les conseqüències d'aquesta conjuntura s'han fossilitzat en l'imaginari i les pràctiques socials, les imposicions del poder les reforcen i utilitzen com més els convé, transformant la complementarietat i la interdependència puntuals en eterna competència i dependència[40].

Un factor important a tenir en compte, ja que ens fa vulnerables a tots i a totes per igual, és el fet que aquestes diferències també han accentuat determinades fortaleses i debilitats que ens mantenen mutilats en determinades facetes de l'existència humana. Així, per una banda, a les dones encara ens costa estar actives en l'esfera política-pública, com posen de manifest alguns paradigmes feministes, i, per altra banda, trobem a faltar homes en espais emocionals i de desenvolupament personal[41]. Per exemple, quan ens queixem de la falta de participació de les dones en assemblees i espais polítics, també hauríem de visualitzar la falta d'homes en altres espais: si no hi som és perquè estem en altres llocs, si hi són és a costa de no ser en altres llocs. El fet que valorem com un privilegi o una opressió ser o no ser en determinats espais té molt a veure amb el fet que ens hem cregut el que el sistema ens diu que és important, els àmbits reconeguts, visibles, des d'on suposadament es du a terme l'acció en contraposició a espais de creixement intern i de desenvolupament emocional on sovint les dones som més fortes. Hi ha homes que són autèntics analfabets emocionals, i això també genera moltes desigualtats i mals entesos avui en dia i requereix treball personal, comprensió i suport mutu. Aquest fet també és una càrrega que influeix negativament a la vida de molts homes i de les dones amb qui comparteixen espais, projectes i amors. Per què no ho entenem com una opressió de gènere? Així, si

---

[40] Ivan Illich al seu llibre *El género vernáculo* explica que totes les societats han diferenciat per motiu de gènere i que això, en una posició de complementarietat, no ha de provocar problemes, només en el cas que el sistema imperant privilegiï clarament un dels dos i faci dependent l'altre -com va passar amb la instauració del treball assalariat que va mercantilitzar l'economia familiar en favor dels homes.

[41] Això també té a veure amb la fragmentació públic-privat que segurament mai abans a la història humana ha estat tant accentuada com en els nostres dies.

bé és cert que les dones ens hem d'*empoderar* en unes determinades capacitats en què generalment anem més mancades, els homes també ho han de fer en un altre sentit. I igualment ho hem de fer juntes, les persones. Aquesta és també una tasca dels grups antisexistes que volem promoure. No s'hi val a fer-nos les víctimes: treballem per créixer realment en tots els sentits, com a persones.

En referència als diferents àmbits on som o no som, també ens hem de qüestionar si el problema és el gènere o el tipus d'estructures que hem creat: les assemblees, per exemple, són una determinada forma de treball-reunió que pot ser difícil per a moltes persones ja que no estem acostumades a autogestionar de forma horitzontal les nostres vides, en general ens falten capacitats d'argumentació i oratòria; també poden ser espais difícils per a persones amb determinades característiques i no només per a les dones (per exemple, per persones més tímides o que parlen menys, persones més pràctiques, més teòriques, persones amb ritmes diversos, etc.). El que no podem fer és castrar les persones que d'entrada tenen més habilitats per argumentar o expressar-se en públic, amb l'excusa de prevenir-nos de les nostres pròpies debilitats. No hauríem de fer de les pròpies carències una virtut. Com diuen les companyes de "Cuando abusamos del abuso....", «en cualquier relación, sea del tipo que sea —familiar, de pareja, amistad, laboral, entre compañeros de lucha,…— y se dé entre personas de igual o diferente sexo, habrá siempre alguien que tenga más tablas argumentativas para defender su postura respecto a ciertas cosas que el otro/a, habrá quien se exprese mejor, se muestre más seguro/a de sí, incluso quien grite más». También habrá una de las partes que sea más emotiva, lleve con menos calma ciertas situaciones o cuente con un gran sentido del humor que ayude a liberar ciertas tensiones... Insistimos en que estas diferencias se darán siempre que se junten dos o más individuos e independientemente de que sean hombres o mujeres, por lo que no podemos estar de acuerdo con quienes consideran alguna de estas cualidades como un signo de dominación sexista». Malgrat això, no neguem que en diferents ocasions (i no només en assemblees) sigui menester analitzar com influeix el factor gènere en els espais on som o no hi som, on estem més o menys còmodes, en com ens comportem, etc. Però de la mateixa manera hauríem de fer una anàlisi més àmplia tenint en compte altres factors com procedència social i ètnica, rang/carisma personal, etc. que ens ajudarien a tenir un quadre més complet de les situacions.

Per tant, aquest tema és molt més complex del que sembla i no n'hi ha prou amb mirar-ho tot amb les habituals observacions de la perspectiva feminista -tot i que no neguem que de vegades es remarquin coses que és necessari remarcar. Així, més que negar aquestes observacions, creiem que el que caldria seria ampliar el camp de visió per tenir en compte tot el que passa en una assemblea i també, en altres espais de la vida, i no només la selecció que els nostres ulls s'han acostumat a veure[42].

7. Perspectiva feminista o perspectiva de gènere?

Relacionat amb tot allò dit anteriorment, actualment quan es parla de tenir en compte la perspectiva de gènere en diferents camps d'anàlisi social - el llenguatge, certes pràctiques, etc.- allò que es vol indicar, en realitat, és el fet de tenir una perspectiva feminista d'aquestes qüestions. Així doncs, generalment s'està parlant d'analitzar la realitat amb unes «ulleres» que tinguin en compte l'opressió del gènere masculí sobre el femení en tots els àmbits. En contraposició a aquesta forma de procedir, que trobem esbiaixada i defectuosa, apostem per una perspectiva de gènere que tingui en compte l'opressió de tots els sexes-gèneres pel fet de ser homes, dones o tenir una altra identitat sexual: una perspectiva antisexista que visibilitzi l'opressió que patim de manera diferent per tenir un o altre sexe-gènere. Els privilegis, les càrregues etc. que podem observar són en molts sentits i no només d'un cap a l'altra, com estem tractant de posar de manifest en aquest text.

Així, creiem que allò que habitualment s'anomena "perspectiva de gènere" està esdevenint més aviat un "condicionament feminista".

En aquest sentit, l'actual enfocament feminista sembla una competició per veure qui pateix més, qui està més oprimida i, sobretot, es centra en la dona, en comptes d'anar a l'arrel de les múltiples causes dels problemes que ens assolen de manera diferent. Analitzar totes les qüestions essencialment des de la perspectiva de gènere convertida en condicionament feminista ens pot fer obviar fàcilment altres condicionants (psicològics, culturals, polítics,

---

[42] En aquest sentit, per exemple, a Alemanya, en algunes festes es doten de "awareness teams", o "equips de consciència" que són un punt d'ajuda al qual recórrer en situacions d'agressions o conductes inadequades de qualsevol tipus.

etc.) que també juguen un paper molt important sobre com interpretem la igualtat, la desigualtat i la diferència.[43]

Malgrat tot, allò que fa necessària aquesta "perspectiva feminista" és precisament el fet que, certament, sovint el punt d'on partim no és neutral sinó que el gènere masculí està sobre-representat i s'agafa com a referència. Així, s'intenta fer encaixar la dona o altres identitats en aquest marc i, és clar, com que no hi encaixa o hi encaixa amb límits i dificultats, això requereix analitzar-ho des d'una perspectiva feminista i dona els resultats esperats de desigualtat. Però si aquests casos -per exemple, quan analitzem el tractament dels problemes de salut mental-, s'estudiessin amb una autèntica perspectiva de gènere, probablement els homes en sortirien també molt mal parats, amb les seves particulars opressions i deficiències. No obstant, com que es dona per descomptat que les que pateixen el paradigma mèdic d'una forma específica són només les dones, l'opressió dels homes en aquests àmbits queda invisibilitzada, no està estudiada, així que no es pot detectar.

Seguint amb l'exemple de la salut mental i la medicina per il·lustrar les diferències entre perspectiva de gènere i perspectiva feminista, si bé és detestable que la medicina s'entengui sobretot des del punt de vista dels homes o sense tenir prou en compte les diferències de les dones, tal i com es denuncia des de determinats sectors feministes, no seria igualment contraproduent desenvolupar una perspectiva feminista sobre la salut de les dones? Pensem que hi hauria d'haver una perspectiva en la salut que tingui en compte com afecta el gènere a la salut, però que no sigui sexista ni per una banda ni per l'altra. No creiem que la solució per evitar les perspectives sexistes en qualsevol matèria sigui contrarestar-les caient en enfocaments sexistes de signe invers. Una cosa és tenir en compte el gènere i com afecta el gènere en diversos sentits, i l'altra és caure en el sexisme. Això passa perquè el paradigma actual, i no només en medicina, privilegia uns valors i formes de fer que són contràries a la vida i en les quals no és fàcil encaixar[44]. Així, en

---

[43] Com diu Tània Galvez fent referència al feminisme a "50 sombras de Grey como película sobre el abuso alomaterno": http://www.lasinterferen-cias.com/2015/03/03/50-sombras-de-grey-como-pelicula-sobre-el-abuso-alomaterno-y-los-circulos-viciosos-de-la-violencia/: «Para cambiar el mundo primero hay que intentar comprenderlo. Para comprenderlo, hay que observarlo. ¿Puedes conocer el mundo a través de un catalejo anclado en un punto fijo que enfoca solamente a otro punto fijo y te impide ver el conjunto y otros puntos de vista?»

[44] "¿Por qué hablar de género y salud mental?" http://www.scielo.org.mx/scielo.php?script=sci_arttext&pid=S0185-33252014000400001. Segurament molts

comptes de qüestionar el paradigma actual en la seva globalitat i negar-se a participar-hi, els feminismes cauen generalment en intentar equilibrar-lo per la banda inversa, no impugnant per tant l'arrel dels problemes.

8. Violència, poder, privilegi i societats de dominació

Entrant ara més en detall en les qüestions de fons respecte les visions feministes, podem dir que les premisses ideològiques i lectures de la història més habituals en els feminismes crítics, serien les següents:

a) Vivim en un sistema en el qual es pot separar clarament el sexe biològic del gènere social.

b) L'origen d'aquest sistema i de les diferències sexuals és sobretot social i beu d'una intencionalitat de dominació per part dels homes cap a les dones com a col·lectiu, tendència que s'ha convertit en una estructura que ho impregna tot des de temps immemorials, denominada patriarcat.

c) Totes les relacions entre gèneres són relacions de dominació i per tant són relacions de poder, sempre enteses com a opressió de l'home com a sector homogeni cap a la dona com a sector homogeni, o cap a altres identitats sexuals no normatives.

A partir dels anys noranta es va posar sobre la taula el concepte de *violència estructural*, expressió del sociòleg Johan Galtung que va ser recollida tant per les institucions del sistema establert com per moviments socials feministes que ja feien una crítica al patriarcat en termes similars des de feia anys. Primer de tot, es van començar a identificar oficialment les relacions entre gèneres com a relacions històriques de poder desiguals dels homes cap

---

dels qüestionaments del paradigma mèdic masculinitzat venen ja de lluny, atès que la medicina oficial històricament va sorgir quan els metges -generalment homes de classe alta- van menysprear i reprimir els coneixements de la medicina popular, que normalment ostentaven les dones a les seves comunitats. Es pot trobar més informació al respecte, per exemple, a *El comú català*, pàg. 110, també en els llibres i exposicions de Maria Lluïsa Latorre : http://www.lluisalatorre.com/, al conegut llibre *El Calibán y la bruja*, de Silvia Federici, així com a *Brujas, parteras y enfermeras*, (El rebozo, Palapa Editorial, 2014), entre moltes altres referències que es podrien citar.

a les dones a partir de la Conferència de Beijing de la ONU, l'any 1995 i de la seva antecessora Declaració contra la violència cap a la dona, de l'any 1993. A partir d'aquí, la "qüestió de la dona", tractada amb un determinat enfocament (per exemple, considerant moltes dones del món com a "sub-desenvolupades" i "dependents" que necessiten tenir un treball assalariat en el sistema per sortir de les seves comunitats que les fan "esclaves", a ulls del paradigma del Progrés de la modernitat[45]), es converteix en una prioritat també a l'agenda de les grans institucions internacionals. L'any 2004 a Espanya s'aprova la Llei Orgànica contra la Violència de Gènere que no només qualifica les relacions entre gèneres com a relacions de poder sinó que qualifica l'opressió de gènere de l'home cap a la dona com una violència estructural. A partir d'aquest punt els feminismes oficials i alternatius es comencen a tocar i la degradació del feminisme com a moviment social antagònic es va fent més evident, per exemple en els protocols contra la violència de gènere promoguts recentment per diversos col·lectius socials que parteixen d'aquesta premissa comuna, la violència estructural.

Així, podem dir que allò que havien tingut en comú els feminismes occidentals durant gran part de la seva història era el fet de posar la dona al centre i reivindicar la seva igualtat, o almenys l'equitat de gènere en cada context social. Però, darrerament, des dels anys noranta aproximadament i encara en l'actualitat, allò que uneix més els feminismes, ja siguin de caire institucional o més autònoms, és la lluita contra la violència estructural de l'home cap a la dona. En aquesta anàlisi de la situació no hi ha discussions i totes les tendències hi estan d'acord. El resultat més visible d'això és que les relacions entre gèneres s'analitzen sobretot en termes de violència i opressió.

La primera violència, hi ha qui diu, és el gènere mateix, és a dir, el fet que s'imposi una determinada manera de fer i de ser en funció del nostre sexe biològic, dificultant la nostra relació amb els altres simplement reconeixent-los com a persones, no a través de les característiques atribuïdes al seu sexe, que es basen, en el pitjor dels casos, en estereotips, i en el millor, en generalitzacions. Tenint en compte això ens hem de preguntar si la solució a

---

[45]Tal i com denuncia aquest l'article "Reflexions sobre el 25-N: drets, mercat i violència estructural. Canviem de paradigma?" que podeu trobar aquí: http://integralivital.net/2016/11/26/reflexions-sobre-el-25n-drets-mercat-i-violencia-estructural-canviem-de-paradigma-catcast/

aquesta situació "violenta", que pot ser sexista, i en tot cas, limitadora, haurà de venir d'un d'aquests gèneres o de tots els gèneres.

La violència en el sistema actual és transversal. Hi ha violència d'homes cap a homes, d'homes cap a dones, de dones cap a homes, de pares i mares cap a filles, de fills cap a mares i pares, de joves cap a adults, violència cap als ancians, etc. En aquest sentit creiem que és important no quedar-se en la qüestió numèrica de qui pateix més. És important veure que l'arrel del sexisme és la dominació que es tradueix en un conjunt de violències, en molts casos prèvies a la persona que exerceix violència, que només actua de corretja de transmissió. Anar a l'arrel del perquè es produeix la dominació i la violència, en aquest cas la violència de gènere, no té res a veure amb negar-la. En aquest sentit, caldria estudiar les condicions psicològiques, materials, etc. de les persones que exerceixen violència[46] (si bé s'ha dit que «l'única cosa que tenen en comú els homes que exerceixen violència contra les dones és el fet de ser homes»[47], sic.)

Així, per una banda, creiem que és important tenir en compte que, normalment, darrera una persona violenta trobem determinats factors que són explicatius del seu comportament, encara que això no vol dir que el legitimin ni que siguin atenuants[48]. Com hem dit anteriorment, la dedicació al treball assalariat degradador seria un factor agreujant -per exemple, es diu que el pas de la vida comunal a la societat industrial va fer augmentar molt la violència cap les dones-, els nivells d'alcoholisme són també una qüestió per tenir en compte (només cal veure, per exemple, com les zapatistes s'han previngut de les violències prohibint l'alcohol a les seves comunitats després de veure com augmentaven els nivells de violència cap a les dones amb l'ebrietat dels homes o els maputxes, que també consideren l'alcoholisme com un factor clar de divisió a l'interior de les comunitats i de debilitament de la seva lluita) i no cal anar tant lluny per observar com el model d'oci imperant a les

---

[46] Com fa, per exemple, l'estudi citat anteriorment, encara que limitat a l'àmbit de la parella, i que remarca la importància de la dependència emocional com a factor de violència passional " Comparativa de gènere en la parella ". (op. cit.).

[47] "Protocol contra la violència de genere als moviments socials de Sabadell": http://justarevolta.blogspot.com.es/2015/06/protocol-per-la-prevencio-i-abordatge.html , a part de ser un argument sistèmic i oficial que dona per fet que la violència de homes cap a les dones és estructural.

[48] Tal com posa sobre la taula aquest article: *La violència vers les dones té biografia, noms i cognoms* http://blocs.mesvilaweb.cat/FrancescAguilar/?p=269883

nostres societats també és un factor de primer ordre fomentador de la violència: no ens allunyaríem gaire de la realitat si acceptéssim que en la majoria d'agressions sexistes que es donen en ambients festius hi intervé l'abús de drogues i alcohol. Una criança sense amor i mancada d'atenció o directament amb progenitors maltractadors o abusos infantils també hi té molt a veure. Així, anar a l'arrel del problema no vol dir negar les nefastes conseqüències de la interrelació de tots aquests factors en la violència exercida i real que finalment pateixen moltes dones i homes. Anar a l'arrel del problema és negar-se a acontentar-se amb explicacions simplistes basades en etiquetes superficials.

Per altra banda, respecte la qüestió del poder, veiem que no totes les dones ni tots els homes tenen el mateix poder: de quines dones i de quins homes parlem quan parlem de relacions d'opressió i dominació? Quin poder exerceix l'home com a agent de dominació i quin poder exerceix la dona com a opressora? Qui oprimeix i qui té privilegis? Els rols imposats són violència *per se*, dèiem anteriorment. Però els rols es poden exercir de forma dominant o alliberadora, partint de l'amor o amb l'objectiu de la dominació. Els feminismes posen al centre la dona per visualitzar-la, però només en la seva part «bona», posant de relleu la bondat del seu rol -confrontat amb la maldat intrínseca del rol masculí-. Però, qui té en compte el poder que tenen les dones, encara que sigui més invisible o resti invisibilitzat[49]? Quin "mal" poden fer i a quins nivells? Citant novament a Tània Gálvez: «El feminisme no pot pretendre acabar amb la violència que pateixen les dones sense afrontar i

---

[49] Quantes respostes positives sobre violència exercida de dona a home obtindríem si apliquem els mateixos criteris de quantificació que les Macroenquestes que es basen en l'experiència de les dones? Raquel Osbrone detalla: «Las cifras de violencia hacia personas ancianas y niños son muy altas, y quienes en medida abrumadora cuidan a estos colectivos son mujeres. Así pues, la casuística nos muestra que hay mujeres que maltratan a su descendencia, matan a maridos e incluso a hijos y apoyan la violencia en las guerras, como en el genocidio de Ruanda, en el que de los 120.000 acusados, 3.564 son mujeres (Badinter 2000: 83); torturan, como hemos visto en la cárcel iraquí de Abu-Grahib y antes ya nos enseñó el nazismo (Ibid.: 80-83); y, además, en las relaciones de pareja ejercen la violencia psicológica. Las agresiones por parte de los adolescentes, que está cobrando protagonismo en los últimos tiempos, incluye asimismo a las chicas, casi siempre contra otras chicas. Del mismo modo, en las relaciones de pareja comienza a aflorar la violencia entre mujeres.» (en *De la «violencia» (de género) a las «cifras de la violencia»: una cuestión política*, op. cit.) En relació a aquesta qüestió vegeu també el següent article, "Homes maltractats: un tema tabú" a http://www.vilaweb.cat/noticies/homes-maltractats-un-tema-tabu/

comprendre l'origen de les violències de tot tipus, i sobretot les que exerceixen les mateixes dones en el patriarcat, tant en el patriarcat tradicional com en l'actual[50]».

Arribats a aquest punt ens preguntem: és el feminisme una qüestió de treure poder als homes per *empoderar* les dones? Si volem qüestionar l'abús de poder en totes les seves formes hem de tenir present que el joc de poder sempre té dues cares almenys i hem de veure totes les seves cares i des de la crítica i l'autocrítica dels propis poders i privilegis diferents que tenen tots els gèneres (i totes les persones! Depèn d'on hem nascut, viscut, si som rics o pobres, les nostres capacitats, etc.) analitzar profundament la situació per fer-hi front integralment. Pensem que podem desenvolupar el propi poder i exercir-lo com volem, no com una forma de dominació sinó com una contribució de la nostra energia cap a la societat i cap al nostre entorn.

Continuant amb la qüestió del poder, a vegades s'interpreten certes situacions amb el prisma de la problemàtica de gènere quan es podrien interpretar simplement com a relacions de poder[51]. Així, en l'àmbit sexo-afectiu solem trobar relacions de poder, ja que en la faceta més íntima de les nostres vides és on surt tant el bo i millor de nosaltres mateixes com també la part més fosca i les nostres limitacions. Aquesta *violència,* que des del nostre punt de vista té a veure amb el model social de família-parella nuclear i l'atomització social més que no pas amb una violència masculina "natural" o "genètica", tot i que els factors biològics també poden tenir el seu pes, sovint tampoc s'entén en aquests termes i tot plegat queda difuminat en una interpretació confusa sota la categoria de "violència de gènere". També s'ha de tenir en compte que hi ha individus amb personalitats més fortes i dominants que en el sistema actual fàcilment veuen reforçada i legitimada la seva posició i que s'etiqueten com a agressors per motius de gènere, sense tenir en compte les característiques concretes de la seva persona, més enllà del factor

---

[50] "50 sombras de Grey, pel·lícula sobre el abuso a lo materno y los círculos viciosos de la violencia":http://www.lasinterferencias.com/2015/03/03/50-sombras-de-grey-como-pelicula-sobre-el-abuso-alomaterno-y-los-circulos-viciosos-de-la-violencia/

[51] "Relaciones de poder, relaciones de género": http://barcelona.indymedia.org/newswire/display/494819/index.php

gènere[52]. De fet, darrerament, dins de les contradiccions que porten els discursos, ens trobem amb un refús cap als homes amb uns caràcters secundaris molt marcats, ja sigui per la seva postura, els seus gestos, etc. Això ens recorda els estereotips que durant molt de temps han rodejat les dones amb caràcters més masculins o a aquelles que expressen molt visiblement la seva feminitat, negant en tots els casos, les realitats sexuades específiques dels subjectes sexuals.

Així mateix, afirmar que la dona pateix principalment pel rol de l'home és obviar una part molt important de la història i és que les dones són part activa d'aquesta societat i que d'alguna manera o altra, per acció o per omissió, han fet possible també arribar fins a la situació actual que el sexisme està tant arrelat a les nostres vides. Com hem dit anteriorment, moltes dones han guiat, educat, aconsellat, etc. a altres dones perquè mantinguin el seu rol. Moltes han jutjat altres dones per no seguir aquest rol. Moltes han utilitzat el seu poder per perpetuar escenaris de violència, opressió i control. A moltes ja no ens val la simple història de les víctimes innocents i els malvats perpetradors. Moltes dones hem sostingut o sostenim el patriarcat, sigui per por, per mantenir o augmentar els nostres privilegis, etc.

Així, cal que hi hagi dones oprimides perquè hi hagi dones opressores, igual que calen homes opressors perquè n'hi hagi d'oprimits. Igual que calen persones obedients perquè hi hagi persones dominants. De la mateixa manera, calen persones que reconeguin el seu propi poder i privilegi en la societat en la que viuen, els rols que desenvolupen i que valorin conscientment les actituds que tenen i les accions que fan, per anar disminuint el sexisme en les nostres societats.

En relació a la qüestió dels privilegis ens preguntem: podem considerar que l'exercici del poder amb voluntat de dominar és un privilegi? El fet que una capacitat sigui considerada un privilegi o no depèn, en primer lloc, de les necessitats i formes de vida de cadascú. Així, creiem que els privilegis actuals en el fons provenen de necessitats imposades que no s'han qüestionat. Qui vol lluitar per tenir els privilegis enverinats que el sistema atorga? En comptes de creure'ns el discurs dels privilegis que ens ven el sistema, per

---

[52] Com diu l'autora de "De los sexos y sus diferencias" (op. cit.): «Pretender explicar la realidad de los sexos y sus relaciones íntimas desde una teoría del poder supone un riesgo y una parcialidad».

què no qüestionem aquests privilegis des de l'òptica que són producte d'un sistema que no volem i d'uns valors que no reconeixem?

Malgrat tot, no podem deixar de tenir en compte que hi ha dos maneres almenys de veure el privilegi, des del punt de vista moral (en termes absoluts) i des del punt de vista relatiu, dels fets concrets. Així, que sigui millor un rol que un altre o que sigui indiferent és una qüestió moral, és a dir, que una determinada cosa sigui privilegi o no és un judici de valor, però en tot cas el que segur que és un privilegi és la importància de l'acceptació i valoració social d'aquest rol per veure'l com a privilegi en el qual cal que tots i totes ens emmirallem.

A més, el sistema utilitza determinats "privilegis" com a suborns per posar-se a la butxaca determinades persones i sectors, per posar de la seva banda uns, en contra dels altres. Així, les societats de dominació sempre han permès i encoratjat l'opressió d'uns sobre els altres per tal de posar els "privilegiats" de la seva part, a la seva butxaca, i impedir la lluita contra un enemic comú, que les perjudicaria.

Finalment, en relació a la qüestió anterior dels rols, els privilegis que determinats rols ens atorguen en aquesta societat primer s'han de reconèixer, com remarquen els feminismes, però l'important és allò que fem amb ells. En altres paraules, els privilegis per si mateixos no tenen perquè ser dolents -ja que realment a vegades no són escollits ni imposats, sinó que ens venen donats o bé emergeixen en determinades situacions que requereixen certes habilitats, capacitats, valors, etc.- per tant, l'important seria, essent conscients dels "privilegis" existents en cada moment, posar l'accent en què fem amb ells. Els podem utilitzar positivament, pel bé comú i des de la humilitat i l'autocrítica, o bé els podem utilitzar inconscientment, per dominar, oprimir i fer mal als altres. A vegades, usar-los de forma positiva pot voler dir fer un pas enrere i deixar que altres persones menys privilegiades o capacitades assumeixin rols o funcions que se'ls fan més difícils, en un exercici d'automillora personal i col·lectiva, d'humilitat, amb consciència i sense recriminacions.

9. De protocols i campanyes contra la violència de gènere

Una forma concreta que s'ha aplicat en els darrers temps per fer front als "abusos de gènere" són les campanyes i protocols, sistèmics i alternatius.

Les trobades del grup antisexista s'han donat en un context on floreixen arreu protocols i campanyes contra la violència de gènere per part dels *moviments socials*. Aquesta tendència de protocols i campanyes ja fa uns anys que es porta a terme des de les instàncies oficials del sistema de poder, i ara s'intenta reproduir des de baix d'una nova manera, però donant per descomptat les mateixes premisses.

Així, per una banda, en les campanyes oficials contra la violència de gènere podem observar habitualment una victimització de les dones molt clara; també una incitació fàcil a recórrer a la policia en la majoria dels casos; un encoratjament a denunciar, recordant la màxima del món orwellià de "delatar" els nostres iguals i un èmfasi únicament en la violència exercida contra les dones, no en tota violència i abús emocional que es pugui donar cap a tota mena de persones en el marc de relacions íntimes i de proximitat o de dependència -emocional, econòmica (això inclou el marc del mercat laboral, etc.). En general, s'han utilitzat aquestes campanyes per anunciar els recursos disponibles institucionalment per a dones maltractades (telèfons, atenció psicològica i jurídica) deixant fora del discurs oficial l'aposta per l'*empoderament*. Les campanyes i el seu impacte mediàtic en els últims anys han emfatitzat cada vegada més la violència contra les dones com una qüestió estructural, deixant de banda altres perspectives sobre la mateixa, per la qual cosa podem veure-les més com a propaganda que com a informació[53].

Per altra banda, les campanyes i protocols de moviments socials que hem estudiat volen ser eines per fer front al que també s'entén com a violència estructural d'homes cap a dones. En general, ens sembla que acostumen a ser

---

[53] Entorn a la incidència de les campanyes es pot consultar l'article de Fernández Romero, D."Gramáticas de la publicidad sobre la violencia: Ausencia del empoderamiento tras el ojo morado y la sonrisa serena". *Feminismo /s: Revista Del Centro De Estudios Sobre La Mujer De La Universidad De Alicante, 11, 15-40.* o també Fernández Romero, D. "La incidencia de las campañas institucionales sobre violencia de género en el proceso identitario". *Asparkia: Investigació Feminista, 24, 126-143.*

una còpia de les lleis parapolicials del sistema però portades a terme directament per la comunitat d'iguals. Pensem que tracten amb la força i l'exclusió qüestions que són més aviat psicològiques i d'empatia. Normalment pequen de falta de visió integral a causa de les limitacions del propi enfocament de la "perspectiva de gènere" (per exemple, en entendre que una violació és només una qüestió de poder i supremacia masculina).

El protocol que hem analitzat és el "Protocol per a la prevenció i abordatge de les violències masclistes als Moviments socials de Sabadell", que ha servit de punt de partida per tots els altres que s'estan fent al respecte, almenys a Catalunya[54].

Una qüestió important a remarcar i que podem trobar en aquest protocol és que normalment la paraula de la víctima és suficient per actuar contra l'agressor. La presumpció d'innocència passa a ser presumpció de culpabilitat, tal i com promou la LOVG[55]. Es diu que «no s'ha de qüestionar la paraula de la dona, atès que la violència masclista no és una experiència personal ni privada sinó col·lectiva i política». És important tenir present els drets d'ell però no perdre de vista els d'ella, que està en una posició més vulnerable. Segons el Consell General del Poder Judicial només el 0,005% de les denúncies són falses. No hem de perdre de vista que la problemàtica que volem abordar és estructural». Amb aquesta frase queda clar que la premissa passa per sobre l'anàlisi concreta i ens facilita molt la feina a l'hora d'explicar qualsevol cosa, en aquest cas construir un discurs simplista. Es parla d'escoltar també la versió de l'home però seguidament s'explicita: «la versió de l'home servirà més aviat per buscar agreujants (negació, no acceptació dels protocols, etc.) no per posar en qüestió la versió de la dona». Així doncs, si ets home, tot el que diguis pot fer-se servir en contra teva. Nosaltres pensem que en un conflicte sempre s'han d'escoltar les dues versions, ja que tota història té almenys dues cares. A no ser que sigui un atac unilateral, normalment es dona en el marc d'algun tipus d'interacció bilateral, on cadascú té alguna part de responsabilitat en el que passa. En jutjar com actuar per fer front a situacions complexes caldrà veure si ens trobem davant d'una agressió o en

---

[54] Aquest protocol es podia trobar en línia però a causa del "mal ús" que les promotores van considerar que se'n feia, ara només es pot obtenir escrivint directament a les promotores (op. cit.)

[55] En el marc d'aquesta llei, si ets acusat d'agressió has de demostrar la teva innocència, i no al revés.

un conflicte, però no donar per descomptat que sempre es tracta d'una agressió i que aquesta es dona sempre en la mateixa direcció. Així, és curiós veure que si antigament la llei considerava que no s'havia de qüestionar l'home, ara es considera que no s'ha de qüestionar la dona[56].

Continuem analitzant amb detall aquest protocol:

- S'entén el conflicte entre homes i dones com a símptoma de dominació d'un sobre l'altra. Així, si tot s'interpreta com a abús, no es pot donar una veritable relació d'igualtat, ja que una veu en qualsevol detall de l'altre una agressió i s'entén a si mateixa com a víctima.

- La magnitud que pren el concepte de "violència estructural" és fonamental per entendre com s'actua. Ens diuen «Sabem que hi ha altres violències però que en elles no hi ha intencionalitat de subjugació, subordinació de les dones en un context patriarcal» (o sigui que la qüestió es polititza, se'n fa una ideologia, no un factor psicològic, traumàtic etc. sinó que s'interpreta que el problema és l'estructura, el patriarcat en aquest cas). «Entenem que hi ha altres violències, de dones contra homes per exemple, però no són objecte d'aquest protocol perquè tot i que les considerem igualment greus no tenen

---

[56] Les lleis de separació i divorci així com la famosa Llei Orgànica contra la Violència de Gènere de 2005 privilegien específicament la dona en molts sentits. Per exemple, moltes dones han utilitzat l'empara d'aquesta llei per accedir a un divorci fàcil i ràpid denunciant violència de gènere, obviant o en alguns casos desconeixent, que això implicava presó per la seva exparella: "Los presos por violencia de género ya son el tercer mayor grupo en las cárceles españolas": http://www.elconfidencial .com / espana / 2017.01.03 /violència-de-genero-condemnat-pres-comú-presons-espanolas_1311433 /.Aquesta llei privilegia les mares en la custòdia dels fills (en un 87% dels casos), corromp la presumpció d'innocència i va ser denunciada davant la Comissió Europea l'any 2010 per la qual cosa aquesta es va pronunciar exigint al Govern espanyol que el Ministeri d'Igualtat desaparegués o que també haurien de desaparèixer els Instituts de la Dona. Es parla ja dels homes separats i jutjats per aquestes lleis com "nous pàries" atès que, si bé en general la pobresa afectava més les dones divorciades, en els cinc últims anys els pares divorciats han superat a les mares divorciades en un 20%.Vegeu "Los nuevos parias sociales". http://gestionconflictosfamilia.blogspot.com.es/2014/01/los-nuevos-parias-sociales-jose-luis.html. També és important esmentar que la llei de gènere va fer que es modifiqués el codi penal per endurir algunes penes en cas que l'agressor fos un home acusat per delicte de gènere. En tot cas cal dir que en citar aquestes xifres és difícil no caure en fonts esbiaixades i en part reaccionàries, ja que s'expressa d'aquesta manera el malestar dels homes enfront de les injustícies del sistema, davant el silenci i l'autocensura de persones i fonts que podrien expressar aquest malestar de forma menys interessada.

la mateixa intencionalitat» (seguir mantenint la situació de subordinació de les dones en el context patriarcal i respondre a una violència estructural). Llegint això tenim la sensació que el protocol, més que respondre a uns fets determinats i concrets, és la plasmació d'una ideologia, una interpretació d'aquests fets en clau de violència estructural. Creiem que podria ser alliberador pensar fora de la categoria d'intencionalitat de l'home, així com no interpretar que aquest gaudeix o es beneficia de les conseqüències del seu rol.

- Quan es parla de violència de gènere es fa referència sobretot a la violència en les relacions sexo-afectives o íntimes. Per què no s'interpreta en aquests termes, cosa que implicaria la possibilitat d'una anàlisi més completa i complexa, en comptes de fer-ho exclusivament en termes de gènere? La violència en altres contextos només es cita de passada. Es posa sobre la taula la violència tant en l'àmbit públic com en el privat, però després el protocol es centra només en l'àmbit privat (i particularment en l'àmbit de les relacions sexo-afectives).

- Es considera que no hi ha cap característica pròpia dels homes maltractadors: «aquell col·lectiu amb el qual té més coses en comú un maltractador és amb la resta d'homes». Així, partint d'aquesta visió, cap home està lliure d'exercir la violència d'una forma o una altra. L'única cosa que els uneix és que són part d'una " masculinitat hegemònica" opressora. Aquesta visió ens està dient que tots els homes són uns maltractadors en potència, cosa que ens costa d'empassar i que considerem falsa.

- Trobem també en el protocol la idea que ella no hi té res a veure, no n'és responsable. El problema és l'existència d'un sistema productor/reproductor de dominació de les dones per part dels homes. Un desigual posicionament d'homes i dones en l'execució, manifestació i abordatge de la violència: «L'home té elecció, en canvi la dona, no» (és l'home qui es pot comportar d'una altra manera, no la dona. En aquest quadre, l'home és qui fa l'acció i la dona la mera receptora d'un conjunt d'agressions).

- «Els grups d'homes en els moviments socials han de ser grups feministes, que treballen contra el patriarcat i les violències masclistes, sinó és molt probable que es converteixin en un grup de camaraderia masculina que s'ha d'evitar, al contrari que la camaraderia femenina». Per nosaltres això, des del punt de vista de l'autonomia, és totalment inacceptable. Els grups, tant d'homes, com de dones, com mixtos, han de servir per pensar sobre el que es vulgui i des de les perspectives que es considerin oportunes, sinó, on queda la llibertat de consciència? O és que volem convertir els «moviments socials» en grupuscles on s'ha de seguir una certa doctrina per formar-ne part? Es diu que els homes no han de teixir aliances entre ells sinó amb homes i dones. Les dones ens hem d'organitzar col·lectivament -com a dones, i feministes, és clar-, però els homes no. Evitar la camaraderia entre els homes és una recomanació d'aquest protocol.

- «Els homes en la societat actual tenen uns certs privilegis, per acabar amb la violència masclista cal acabar amb aquests privilegis». Volem ser nosaltres les privilegiades? Amb quins privilegis volem acabar i quins volem mantenir? Què considerem privilegis? Ja hem parlat de la qüestió del privilegi amb anterioritat, així que no hi entrarem ara de nou.

- S'insta a lluitar contra la «violència ambiental» i els exemples que es posen per il·lustrar-la són «Atribuir tasques i espais desiguals en funció del sexe» (fet que, d'altra banda, si és per "afavorir" suposadament les dones, està permès i fins i tot ben vist per part dels feminismes, així com sembla confondre diferència i desigualtat, fet també habitual en aquests àmbits[57]) o bé «Frivolitzar o menystenir continguts de la lluita feminista» (aquesta frase ens sona a censura i recorda, per exemple, la prohibició de «cremar la bandera espanyola», que es veu com una ofensa a la pàtria). La considerem un clar atac a l'autonomia personal, al pensament crític i a la llibertat de consciència.

Malgrat tot el que hem comentat fins ara, hem de dir que els protocols tenen un element interessant que és que tracten d'abordar col·lectivament els conflictes des dels moviments socials i no per les lleis estatals -tot i que en última instància, si no es pot fer res des de la base, sí que es recorre a les institucions del sistema-. En aquest sentit, pensem que són positius perquè la forma que assumeixen és alternativa a la manera d'abordar els conflictes que es promou en el marc del sistema actual, una forma més horitzontal i que implica la comunitat. Tot i això, com hem vist, el fons no es qüestiona i els arguments de base són pràcticament els mateixos en aquestes pràctiques alternatives i protocols que en els feminismes oficials. El funcionament as-

---

[57] Com ja criticava Emma Goldman en el seu conegut assaig "La tragèdia de l'emancipació de la dona": «La pau i harmonia entre els sexes no depèn necessàriament d'una superficial igualació entre els éssers humans; ni tampoc suposa l'eliminació dels trets i peculiaritats individuals».

sembleari és lloable però per si sol no garanteix que es preguin bones decisions. Una bona estructura - forma (democràtica, comunitària, etc.) no té perquè implicar una ètica o una cosmovisió encertada per defecte en aquell col·lectiu. Per això, creiem que és important no només qüestionar la forma d'aquestes pràctiques per lluitar contra la violència, sinó també el fons i, si cal, fer autocrítica de les premisses des de les quals partim. No pot ser que en nom del feminisme s'estigui protocol·litzant cada acostament dels homes cap a les dones, ficant-se en la vida de molts de nosaltres, convertint els espais col·lectius en llocs kafkians.

Per finalitzar amb aquesta qüestió dels protocols i campanyes, volem dir que en general des del grup antisexista hem volgut analitzar i indagar com afecten a homes, a dones i a persones amb diferents identitats sexuals, i a la relació entre totes elles, els diversos discursos del nostre entorn (des de l'àmbit del porno, de la publicitat, dels feminismes, de les pràctiques alternatives, de les lleis i les institucions estatals, etc.). Veiem que, com a éssers socials que som, tots els discursos de l'arena pública tenen una influència en com percebem la realitat, en la nostra forma de sentir, les accions que emprenem, les possibilitats que visualitzem, etc. Si això no ens afectés, no existiria la publicitat, ni les campanyes de tot tipus, ni els programes d'opinió, etc. Tenint en compte això, quina diferència hi ha entre campanyes de propaganda i campanyes de prevenció i conscienciació? Normalment es diu, per exemple amb els suïcidis, que parlar-ne augmenta el nombre de persones que porten a terme aquest acte. Per això, generalment les estadístiques de suïcidis són difícils de trobar i no es difonen gaire i, tot i que el suïcidi és una lacra a les nostres societats, rarament se'n parla ja que es considera un tema tabú.

En aquest sentit i tornant al tema que estem tractant en aquest text, ens preocupa que tanta insistència en la qüestió de la violència de gènere no reforci més precisament allò que pretén evitar. Les dades mostren que malgrat la "prevenció" dels darrers anys, en forma de lleis, campanyes, efectius policials, etc. les xifres d'agressions de tot tipus segueixen augmentant i es justifica la necessitat, per tant, més "prevenció"[58]. En tot cas sembla clar que

---

[58] Podríem parlar de profecia autocomplerta? https://es.wikipedia.org/wiki /Profec%C3%ADa_autocumplida. En qualsevol cas, a part d'això, l'augment de casos també té a veure amb l'ampliació dels conceptes de violència i maltractament. Es confon sexisme amb maltractament. Com diu Raquel Osborne «Hem de tenir en compte sempre com a punt de partida la distinció entre «la violència» i «les xifres de la violència»: entre la definició «abstracta» de la violència i les xifres intervenen els «indicadors» de què es considera violència, i això depèn en bona mesura, en

determinades premisses ideològiques o lectures de la història generen determinats discursos i accions, que al seu torn provoquen determinades emocions i climes. El clima d'alarma social generat a partir de la violència masclista (que, fins i tot, s'ha arribat a anomenar "terrorisme masclista") ha creat una tensió col·lectiva considerable, destacant fortament una violència per sobre de totes les altres, malgrat que l'Estat Espanyol és un dels països europeus amb menys violència contra les dones. Sense negar l'existència d'aquesta violència i la necessitat de fer-hi alguna cosa, és evident que cal ser crítiques i anar a l'arrel d'aquests problemes: com es generen, com es pretén prevenir-los[59], etc., per no caure en un cercle viciós del qual cada vegada es fa més difícil sortir. No deixa de ser sorprenent que en una societat estructuralment violenta s'assenyali amb tanta insistència un determinat tipus de violència i la resta no s'interpreti, ni es condemni, ni es "previngui" per igual (la violència cap als infants, cap a la gent gran, la violència laboral, etc.). En tot cas, quan s'assenyalen altres tipus de violència amb la intenció de posar-les en la prioritat de "l'agenda de prevenció" oficial, es segueix mantenint un enfocament institucional i legitimador de la intervenció estatal en el cada cop més debilitat individu i la més triturada comunitat[60].

Finalment, creiem que una bona manera de sortir del mal pas on hem caigut seria contraposar "humanització" a "protocols". Els protocols estan destinats a situacions d'emergència, on cal estalviar temps, i han de tenir en compte tots els factors. Per tant, és difícil qüestionar un protocol d'actuació en situació d'emergència, ja que estan fets per ser resolutius i cal obeir-los. Però en el cas dels protocols feministes, que semblen igualment inqüestionables, això no passa per falta de temps sinó per factors ideològics que justifiquen el fet de no haver de pensar.

---

primer lloc, de la presa de consciència del problema i, en segon lloc, dels diversos interessos en joc; en definitiva, és una qüestió política.» (Osborne, Raquel: "De la «violencia» (de género) a las «cifras de la violencia»: una cuestión política", publicat a la revista *Empiria* (Revista de Metodología de Ciencias Sociales), núm. 15, gener-juny 2008.

[59] En els pressupostos per a la prevenció de la violència de gènere qui surt guanyant és sempre, amb molta diferència, el Ministeri d'Interior. Cosa que indica clarament quines són les prioritats en la forma d'enfocar i resoldre el problema.

[60] En els darrers anys hem vist un procés paral·lel amb l'abús escolar (*bullying*): protocols, experts, recórrer a la policia, telèfons d'atenció a la víctima, etc.

Així, el protocol s'ha convertit en una doctrina, o el protocol és la eina per aplicar una doctrina, i no per fer front a una situació d'emergència[61]. Allò urgent no té perquè ser allò important.

10. Sexualitat, cos i poder

«Queremos un mundo sin abusos, nos negamos a seguir siendo víctimas de igual forma que nos negamos a ser las nuevas agresoras, queremos que se nos tenga en cuenta y queremos tenerles en cuenta, que se nos respete y entienda, respetarles y entenderles. Combatir junto a ellos el sexismo y construir nuevas relaciones sobre la belleza de las diferencias[62]».

Una altra de les qüestions que hem tractat al grup antisexista té a veure amb les concepcions de la sexualitat i el cos que deriven actualment d'alguns

---

[61] Des l'aprovació del protocol de Sabadell i durant el transcurs de les reflexions d'aquest text, hem conegut tres casos en els quals la interpretació que es fa en ells de la violència de gènere i l'alternativa feminista que es proposa de forma més o menys implícita ha generat molts problemes i tensions en els moviments socials. A la ciutat de Girona, com hem comentat a l'inici del text, s'ha tractat d'expulsar una persona dels centres socials de la ciutat per tenir aquest bloc: http://feminismo2030.wordpress.com/. A Sabadell mateix, els moviments socials s'han dividit també per aquesta qüestió, dos anys després de l'aprovació del protocol analitzat: el CSOA La Obrera, un centre social heterogeni i popular de la ciutat, ha estat acusat de no actuar davant del masclisme per uns comentaris al whatsapp qüestionant un taller de gimnàstica no mixt que es va fer en l'espai. El Moviment Popular de Sabadell, el mateix que va fer el protocol analitzat, s'ha desvinculat de L'Obrera (https://m.facebook.com/justa.revolta/photos/a.355603281310838.10737 41826.355603214644178/619172281620602/?type=3) per no voler expulsar del centre social la persona que va fer aquests comentaris. El Grup de dones de l'Obrera i el Grup de dones de la PAH Sabadell han decidit tractar la qüestió a la seva manera: (https://m.facebook.com/story.php?story_fbid=19081212094749688&substory_ind ex=0&id=1732486587038432), sense expulsar ningú, i han estat acusades de complicitat masclista. Se'ls ha tractat com si no fóssin capaces de gestionar els seus propis assumptes, només perquè no s'han cenyit al típic discurs i protocol feminista. L'últim cas que ha transcendit als mitjans catalans es tracta del boicot a grups musicals com Itaca Band per part de col·lectius feministes. Aquí podeu trobar els comunicats respectius de qui fa les denúncies i la resposta de la banda: Trama Feminista i Assemblea de Sants: https://www.facebook.com/tramafeminista.desants /posts/1913704475536559, https://www.facebook.com/AssembleaSants/posts/177 9874922042091, Itaca Band: https://www.facebook.com/itacaband/posts/1015 4763139550778

[62] "Cuando abusamos del abuso machista" (op. cit.)

plantejaments de les perspectives feministes. Aquestes concepcions tenen a veure, en part, amb la visió que es té de les agressions "sexistes", relacionant-ho amb el que hem comentat anteriorment respecte els protocols i campanyes contra la violència de gènere. Actualment, es considera agressió o abús sexista qualsevol cosa que la persona agredida senti com a tal. Així, fins i tot les típiques "floretes" poden ser considerades abús masclista[63]. Encara que és cert que hem de diferenciar entre una "floreta" anònima i unilateral i una "floreta" provinent d'algú que ens coneix, veiem en aquestes concepcions diverses problemàtiques:

- En primer lloc, la concepció negativa de la sexualitat i el cos. Certament, no estem a favor de la cosificació, però tampoc entenem que hàgim d'obviar les nostres realitats corporals, i ens sembla que el fet que aquestes provoquin sentiments, emocions i desitjos en els altres és quelcom força natural[64]. No hem de caure en la patologització de tots els nostres comportaments. Evidentment, no som només un cos, però també som un cos. A Occident la valoració del cos, del gaudi d'aquest, per part de les dones i els feminismes, ha estat una evolució positiva. Ara aquesta evolució s'està tenyint de gris, sortint a la recerca de noves i constants opressions. No som només cultura sinó que també som natura. Si algú es fixa particularment i exclusivament en el nostre cos, simplement està obviant una part molt més gran del tot que som, està tenint una actitud reduccionista, però no té perquè ser una actitud sexista *per se*. Veure qualsevol impuls o desig aliè cap al nostre cos o cap a la nostra persona com una agressió, ens fa repudiar-nos a nosaltres mateixes, en comptes de poder sentir-nos orgulloses de ser com som. Veiem que la tendència cada vegada més per part d'algunes corrents feministes és a associar sexe i erotisme amb opressió i violència. Curiosament aquesta visió concordaria a la perfecció amb la biopolítica misantròpica del poder que hem comentat anteriorment, així com amb el repudi de les pulsions humanes bàsiques per deixar la "feina bruta" -el sexe, la gestació, etc.- en mans de serveis professionals o màquines i tècniques. Més enllà d'això, sembla obvi, en tot cas, que es presenta a les dones com si fossin només objecte de desig i no

---

[63] Així els tracta com a tals el documental "Solo te he dicho guapa" o bé l'article "¿Por qué decir piropos es machista?"

[64] La mateixa Simone de Beauvoir, figura feminista de gran importància, s'expressa en aquests termes a *El segon sexe* (1949): «L'ésser humà és un ésser que desitja, que projecta i està en continu trànsit de realització mitjançant el compliment de seus projectes, sent això el que el fa lliure».

subjectes que desitgen.[65] Existeix el desig de ser vistes únicament com a subjectes i se'ns està llevant la potestat de viure'ns també com a objectes. Què som per a l'altre si no és alteritat, diferència? Què és l'altre si no és alteritat, diferència? Només podem desitjar assumint l'alteritat, sortint del narcisisme del nostre propi jo. Com diu Byun Chul Han en el seu llibre *La Agonía del Eros*, una societat narcisista no pot ser una societat erotitzada. Determinades pràctiques sexuals es consideren violentes independentment de si hi ha consentiment o no, no s'entén la voluntat de la dona, que pot ser part del joc, que pot dir sí, que pot dir no, se la veu només com a mera receptora i víctima (igual que passa amb l'exercici de la violència, com hem vist). En aquest sentit ens agradaria que no es considerés la dona com a simple objecte passiu a mercè dels desitjos aliens[66].

-Una altra qüestió que és precís abordar és també la capacitat o voluntat de seduir com a forma de manipulació i abús, tant per part d'homes com per part de dones. El nostre cos també el podem fer servir com a eina de poder les dones i d'això normalment no se'n parla -i ja que estem de tòpics, és bastant més habitual en el sexe femení que en el masculí-. Les dones poden abusar en el coqueteig, arribant a flirtejar a nivells que poden rallar el sadisme, i això habitualment no es considera abús ni violència, quan pot arribar a ser una forma de manipulació molt efectiva que no se sol posar sobre la taula ni denunciar de la mateixa manera que es denuncien els abusos masclistes. Per altra banda, ara els homes cada vegada tenen més el dret i el deure d'estar "guapos", de cuidar-se, com tradicionalment s'ha exigit a les dones. Això ho hem de considerar un accés a privilegis o simplement una democratització de l'estupidesa?

- En el clima que es crea pel fet d'haver d'estar atentes en tot moment a possibles agressions/agressors, es fa molt difícil diferenciar entre una insinuació a la qual podem estar obertes i una agressió. Es fa complicat estar còmodes en un ambient de coqueteig, amb la pressió d'haver de vigilar si, en

---

[65] "De los sexos y sus diferencias". (op. cit.): «El deseo erótico masculino, que se presenta de una forma más directa y genitalizada, es definido como negativo: deseo de dominación. No ya masculino sino machista. Por su parte, el deseo de las mujeres y su gran variedad de experiencias sensuales, como la masturbación o el placer al amamantar a sus hijos o de realizar una felación a su pareja, no se tienen en cuenta, quedan desplazados por la "opresión masculina", arrebatando a las mujeres su identidad como sujetos deseantes y transformándolas en mero objeto de deseo».

[66] Un llibre interessant i no exempt de polèmica que tracta aquestes qüestions és *Reflejos en el ojo de un hombre* de Nancy Houston.

comptes d'un coqueteig, la cosa va més enllà. No diem que no hàgim d'estar atentes i seguir les nostres intuïcions en relacionar-nos amb altres, però la visió que tots els homes són agressors en potència no ens ajuda a sentir-nos còmodes ni a mostrar seguretat i claredat en els nostres desitjos, sinó més aviat al contrari, ens impregna de dubtes i inseguretats. Cada cop més situacions s'interpreten com abús i així s'enterboleixen les nostres relacions[67]. On és el límit entre lligar i abusar? Pensem que l'enfocament actual provoca auto-odi, por, menyspreu, victimisme i "demonització", de diferents maneres i en diverses mesures. En els homes, augmenta la paranoia i es va amb peus de plom per evitar ser titllat de masclista. En l'actualitat, el perill a què s'exposa un home intentant lligar és pitjor al de ser acusat de pesat. Un «no, ets un pesat» es pot convertir fàcilment en un «no, ets un masclista», acusació que pot implicar conseqüències molt més greus, com hem vist, produint un efecte intimidador i dissuasiu. A les festes majors de Poblesec (Barcelona) de l'any 2015, on es va aplicar per primera vegada un protocol de gènere, una de les falques auditives que es podien escoltar entre cançó i cançó als concerts deia «No és una insinuació, és una agressió». Aquesta falca és clarament sexista i tal com estava plantejada sembla validar l'estereotip que les dones «som només cor» i si fos al revés, seria com dir als homes que només pensen amb el penis, cosa que és igualment denigrant.

Per altra banda, quan acusem algú de masclista, sembla que ens autoexcloguem d'aquesta categoria. Qui diu qui és o qui no és masclista? Des d'una posició antisexista, denunciem la nostra societat sexista, i quan ho fem no ens situem en una posició superior assenyalant cap a fora, denunciant el masclisme dels altres i negant el nostre, sinó que nosaltres ens incloem també en el sexisme, la societat és sexista i nosaltres, en part, buscant culpables, posant-nos per sobre, també tenim actituds sexistes que intentem treballar però no neguem, projectant-les cap enfora i alienant-nos de les nostres pròpies debilitats. El problema aquí es manifesta en el fet que hi ha una minoria social que s'autoproclama feminista i que s'atorga el poder de dictaminar qui

---

[67] La qüestió de què es considera una agressió, i dels nivells d'agressió, seria també una qüestió a tractar. En diverses ocasions, quan hi ha problemàtiques de gènere, es parla d'agressions sense poder conèixer exactament i concretament les acusacions, de manera que la mateixa paraula pot denominar des d'un empenta fins a una violació. Això fa molt difícil poder fer-se càrrec de la situació d'una forma proporcional i proporcionada.

és i qui no és masclista i, alhora, s'atorga també el poder punitiu de condemnar aquesta persona, més enllà d'emetre un judici que es pot o no compartir[68].

- Ens sembla que en la qüestió de la sexualitat el consentiment és la clau: si hi ha consentiment no es pot parlar de submissió, abús, etc. Tot i això, és clar que el consentiment pot estar influït per actituds sexistes apreses, però això és un altre tema, ja que tampoc podem negar que som éssers culturals, socials, històrics i biològics, no una pàgina en blanc. No hem de minimitzar ni negar certs comportaments nostres que poden ser efectivament masclistes o sexistes, ja que la realitat és que els tenim interioritzats. Així, tot i que suposadament hi hagi consentiment, això no vol dir que aquest consentiment no estigui sotmès a certs valors o formes de fer i de ser que hem aprés o que per alguna raó tenim. Que hi hagi consentiment, per tant, no vol dir necessàriament que les nostres reaccions i formes de fer siguin lliures (un altre exemple de la diferència entre consentiment i llibertat el podem trobar en la necessitat o no que tenim del treball assalariat en el marc del sistema actual. Podem triar? En part si i en part no, però està clar que hi ha molts factors que ens condicionen). Un consentiment lliure depèn de l'autoconeixement i de la possibilitat de l'autoconstrucció personal en llibertat, de fer-nos fortes i autònomes, i el context que vivim pot no ajudar-nos gens en aquest camí. Per altra banda, cal dir que el consentiment implica escoltar l'altre, tenir-lo en compte, fet que és incompatible amb "l'autisme de gènere" que implica que no hi ha bilateralitat, que tothom va a la seva buscant satisfer els seus desitjos, cosa que comporta certament una cosificació i una denigració de les altres persones amb qui es pretén una proximitat, fet força habitual en els contextos festius i de flirteig de la nostra societat consumista on estan de moda les relacions "d'un sol ús"[69].

- Una altra qüestió que veiem interessant analitzar és que si per una banda els plantejaments feministes mostren cada vegada més una visió de les relacions entre gèneres en la quotidianitat com un camp de mines -de conflictes,

---

[68] Un exemple que, a més, té a veure amb la qüestió de la cosificació sexual és el que ha passat al periodista Dani Rovira i la resposta del diari *El País* (op.cit). Un altre exemple a nivell més micro pot ser quan en un concert s'insta des de l'organització que els masclistes abandonin la sala. Qui en el seu sa judici s'aixecaria i marxaria?

[69] En alguns ambients alternatius s'han començat a realitzar "tallers de consentiment". No hem pogut conèixer en detall el contingut d'aquests tallers, però ens sembla un bon enfocament per afrontar la qüestió.

d'abusos, de poders invisibles, de desigualtats- en la propaganda social massiva trobem al mateix temps una hipersexualització de la societat: cosificació, publicitat eròtica, pornografia, prostitució, etc. estan a l'ordre del dia i molt visibles públicament. Pensem que aquesta descompensació entre aquestes dues tendències reforça l'opressió per totes bandes: per una banda, impedeix o dificulta en gran mesura les relacions horitzontals i populars, ja que en elles impera un paradigma de desconfiança i odi; per altra banda, alimenta les relacions mercantils i superficials, en presentar-les lliures de tots els problemes de les relacions "reals". Així, la nova cara de l'opressió en les relacions entre sexes-gèneres es podria resumir en el quadre següent: en elles impera una espècie d'esquizofrènia col·lectiva perquè, per una banda, es crea aquest clima de por, violència, tensió i impediments estructurals, emocionals i ideològics per una bona relació entre sexes i, per l'altra banda, el sexe es promou per tot arreu, com una invitació constant. La barreja d'aquestes dues tendències és un bomba de rellotgeria i el resultat és una enorme frustració i una degradació i desviació de l'energia eròtica cap a finalitats individualistes i d'autocomplaença consumista, que altrament podria ser un potent combustible per a la cohesió social que necessita una revolució.

Finalment, si bé està clar que el paradigma actual ens separa de l'altre sexe, no és menys cert que també ens separa del nostre propi sexe. Les dones, per exemple, estem enfrontades als homes en aquest paradigma actual, i també separades de les altres dones, perquè ens han socialitzat per valorar la bellesa física com alguna cosa suprema i perenne, com el nostre principal potencial i atractiu; això unit al paradigma de la parella nuclear monògama i aïllada d'un entorn comunitari més ampli genera un clima d'inseguretats, possessió, tensió i competició entre les dones que ens deixa molt lluny de cap pretesa *sororitat*[70].

---

[70] Sororitat és un terme que s'ha fet servir per referir-se a una solidaritat i camaraderia de gènere femenina.

11. De víctimes i opressors, de protecció i autodefensa

La victimització de les dones i la "demonització" dels homes són la tendència més habitual dins els moviments feministes oficials i alternatius. Això crea confusió i dolor perquè totes les persones tenim alguna cosa a veure amb com hem arribat a la situació actual. Tots som víctimes i botxins alhora, els homes no en són la norma i les dones no en són l'excepció. Tothom s'hauria de fer responsable de la pròpia violència, de ser opressor/a i de sostenir l'opressió de l'altre/a. No responsabilitzar-nos i no demanar responsabilitat seria caure en la condescendència, i no pensem que això sigui cap solució. En aquest sentit, ens adonem que és important diferenciar entre ser oprimida i ser víctima: víctima és una persona amb poques possibilitats o voluntat de canvi, mentre que una persona oprimida té consciència i voluntat de canvi.

Generalment el sistema actual tendeix a victimitzar les dones, mentre que els corrents feministes alternatius tracten de fomentar la consciència d'opressió de gènere, tot i que en la pràctica la línia és força fina. Per part del sistema actual està clar que hi ha estructures que promouen la victimització. El fet de diferenciar per gènere i no per capacitats ens sembla una clara mostra d'això: per exemple, quan en certs contextos de guerra, de desplaçats, de catàstrofes, etc. es parla, sobretot en titulars periodístics, de les morts de "dones i nens" específicament, com si aquestes morts fossin més importants que no les morts dels homes. Per què es fa això? Podem pensar que és una voluntat de tenir cura i promoure la reproducció de la vida (però no totes les dones són mares, ni totes les mares tenen cura dels seus fills) o que potser té a veure amb les resolucions aprovades per la ONU a la Declaració de Beijing on dones i infants eren catalogats com "éssers necessitats d'especial protecció", com ara es diu que ho són els adolescents. Ens preguntem: qui és en cada cas vulnerable o vulnerat?

Pensem que en cada situació s'han de tenir en compte les persones concretes, les seves capacitats i limitacions, per decidir qui és víctima o qui es mereix uns determinats «privilegis». No obstant, que hi hagi estructures que promouen la victimització no vol dir que això per si sol ens faci víctimes. La part de responsabilitat de cadascuna de nosaltres és molt important, l'actitud interior, fins i tot en les condicions més degradants, és determinant. Així mateix, és important destacar la diferència entre la necessitat de protecció que promou el sistema i l'autodefensa que s'intenta promoure des dels moviments feministes, precisament per aquest èmfasi en la responsabilitat personal i l'autogestió. La primera, victimitza, i la segona, suposadament hauria d'empoderar.

Però l'empoderament de l'autodefensa és també qüestionable, en un context on s'abusa de l'abús. Així, tal i com exposa el text citat amb anterioritat: «Se abusa del abuso, y cuando todo se interpreta como abuso es imposible que se de una relación entre iguales, puesto que uno —una— verá todos y cada uno de los gestos y actos del otro como síntomas de su condición de abusador, concibiéndose a sí misma, por lo tanto, como víctima en un estado permanente de inferioridad»[71]. Aquest és un aspecte clau, psicològic si volem dir-ho així, de la victimització de què parlem, que s'infiltra fins i tot en espais d'*empoderament* feminista.

La "demonització" dels homes és també una deriva fàcil d'aquesta visió de la realitat promoguda per feminismes de diversa índole. Els feminismes ens diuen que el seu objectiu és atacar la "masculinitat hegemònica", els "valors masculins", la "cultura patriarcal" i altres aforismes, però pensem que la identificació de la violència i l'opressió amb un determinat gènere -com es fa patent, per exemple, en el concepte d'heteropatriarcat, porta fàcilment a la demonització d'allò masculí *per se*. La demonització acaba implicant un sentiment de culpa que podem veure en les cares i expressions d'aquells que han estat acusats de masclistes i en els que tenen por de ser acusats algun dia. La "desconstrucció de la masculinitat hegemònica", -i arribats a aquest punt ens preguntem, què és la masculinitat? I la feminitat? No s'hauria de desconstruir també la "feminitat hegemònica"?- procés pel que passa un abusador, pot deixar a la persona en qüestió en una posició de por, submissió i vulnerabilitat. La culpabilització fa molt difícil la crítica i l'autocrítica reals, així com la relació entre iguals. Qui defensa a un "culpable" no vol dir que defensi una agressió, però sovint així s'entén, i la solidaritat s'interpreta com un delicte de complicitat masclista[72].

En tota aquesta història trobem a faltar la veu dels homes: no dels homes agressors, sinó dels oprimits, dels maltractats, dels agredits, dels que no tenen privilegis. A causa del procés de conscienciació del qual som objectes,

---

[71] "Cuando abusamos del abuso machista ". op. cit.

[72] Com ha passat, dèiem, en el cas de l'Obrera, a Sabadell (op. cit.) o en el cas dels músics i bandes que han donat suport a Ítaca Band.

en el qual la visió general de les violències de gènere és que la única agredida és la dona, als homes se'ls fa difícil reconèixer, i encara més exposar, les seves vivències al respecte. Narrar les pròpies experiències personals i no tenir por d'expressar-se des de tots els punts de vista, permet una empatia i una crítica i autocrítica que ens pot fer avançar, mentre que els tabús i les censures ens porten a una espiral destructiva difícil d'aturar[73].També, òbviament, trobem a faltar la veu de moltes dones (oprimides pel sistema de dominació vigent) que no estan d'acord amb diverses variants dels «feminismes» actuals i tampoc elles ho expressen obertament.

12. Cultura masclista i altres "pecats capitals"

Quan hem parlat de l'evolució històrica dels feminismes, hem incidit en la diferència entre la cultura de les elits i la cultura popular. En aquest sentit, quan parlem del masclisme, ens preguntem també: on es troba el masclisme? És la cultura popular la cultura masclista o la cultura de la dominació (elitista-estatal-mercantil) amb determinats interessos? -projectar i mantenir uns estereotips que li són convenients, explotar al màxim les debilitats i capacitats de les persones, etc. Ens podríem remuntar molt enllà per respondre aquesta pregunta, però no és l'objectiu d'aquest text. Per ara, ens sembla important destacar que, sovint, anomenem cultura a no importa què, fet per no importa qui, i com que cada vegada hi ha menys cultura autònoma i autoconstruïda, aquesta confusió és cada cop més habitual. Contràriament, caldria veure quina part de la cultura són actituds i hàbits normalitzats en les persones i quina part es promociona i s'instiga des de les diverses instàncies del poder (sense negar que existeixi també una mescla de les dues). La cultura la creem les persones i en un moment de tant desempoderament popular com el que vivim, ens podem preguntar: la realitat crea la ficció o la ficció crea la realitat?

Així, sembla que quan parlem de la "cultura dominant" estiguem donant per descomptat que una espècie de mà invisible o un tipus de paradigma masclista travessa tota la societat i no tenim en compte que es gasten milions

---

[73] En aquest sentit, celebrem la valentia d'aquesta persona que fa un temps va crear de manera anònima una pàgina web exposant la seva denúncia i crítica a les tendències SCUM dins els moviments feministes, que ha patit en pròpia pell: "SCUM un cáncer a extirpar en el movimiento feminista"(op. cit)

i milions en publicitat i propaganda per construir els supervendes en qualsevol cosa (pel·lícules, llibres, telenovel·les, campanyes, publicitat, etc.) que mostren determinades actituds i formes de fer. La cultura dominant es projecta així com la cultura de la dominació. Per què es promocionen i es visualitzen unes formes de fer i no altres? No creiem que sigui simplement una qüestió de preferències individuals i lliures, aquesta seria la visió que diria que la cultura del poble és masclista i per això li agrada Hollywood i els supervendes romàntics d'adolescents. Però, i l'altra cultura, la cultura popular, que a nivell històric trobem repleta de pràctiques amoroses cooperatives i autònomes, per què resta invisible? No estem dient aquí que no existeixi la cultura masclista ni la cultura de la dominació en general a les societats humanes, però si només veiem una part de la pel·lícula caiem en el mateix error que el darwinisme amb la seva teoria de la lluita per la supervivència, que ja va ser refutada en el seu moment per Kropotkin, que no només veia lluita en la vida sinó també un fort impuls de cooperació[74].

No es tracta, així doncs, de dir que en la cultura popular no existeix el sexisme, el masclisme específicament, i altres «pecats capitals», però la tendència en el món on vivim ha deixat de ser la crítica a la piràmide social jeràrquica en el seu conjunt i en diversos estrats, per centrar-se essencialment en els micropoders, en l'escrutini minuciós de les tendències políticament incorrectes dels nostres iguals. Aquest «purisme» és un factor que debilita clarament les classes populars, fins a fer-les gairebé desaparèixer. Els abanderats d'allò políticament correcte són les elits, apuntant el poble com a una colla de degenerats. Si no lluitem contra això, si no ens acceptem amb els nostres defectes tant com amb les nostres virtuts, entrem en una guerra de tots contra tots i aquesta "micro batalla" ens fa perdre la gran guerra que impera en el món actual.

Hem passat de la revolució social a la insurrecció personal, i d'ella a la lluita interpersonal. L'autoconstrucció masculina i femenina no es podrà dur a terme de manera autònoma fins que no ens acceptem com a éssers de carn i ossos i mirem de captar l'essència de les condemnes que ens fem entre nosaltres i acceptem les nostres pròpies contradiccions. No podem esperar a construir la societat perfecta, aquella en què totes les persones estaran lliures

---

[74] Kropotkin, P. *El apoyo mutuo como factor de evolución.*

de qualsevol pecat capital[75]. A més, hauríem de qüestionar la moral dels propis pecats capitals. Estem plens de micromasclismes, però també de microegoismes, macroegoismes (o no és això tancar els ulls davant la barbàrie planetària a què estem arribant i no dedicar la teva vida a canviar les coses? Hauríem de condemnar totes aquelles persones que viuen instal·lades en una vida «normal» com si l'actual fos el millor dels mons possibles?).

13. Amor romàntic, amor patriarcal.
Cures, afectes i família

Des de fa un cert temps i en l'actualitat, està tenint lloc una creuada contra l'amor romàntic com a amor "patriarcal". Així, es considera que l'asimetria de l'eros i l'amor és un signe de jerarquia, s'equipara el romanticisme a les faules de Disney de princeses i salvadors, i la bellesa, la transcendència i el sentiment queden negats per excés de positivisme i racionalització[76]. En contraposició a les relacions "insanes" que ens fan patir, es considera ara que el dolor en l'amor és un signe de debilitat i d'opressió. Creiem que aquesta identificació s'esdevé com a reacció a la imposició d'una determinada manera de sentir l'amor, com a opi del poble, i sobretot, com a narcòtic per a les dones i com a conquesta per als homes. Estem d'acord en qüestionar aquesta tendència que ens ve de les visions patriarcals dels darrers segles, i pensem que és positiu qüestionar les maneres com ens relacionem, ja que l'àmbit íntim és terreny d'expressió de moltes potencialitats així com de moltes vulnerabilitats que val la pena revisar i fer conscients.

Malgrat això, l'obsessió *patriarcalista* ens fa passar-nos a l'extrem de la fredor i el distanciament per tal d'evitar els mals que inevitablement es donen en les relacions. També dona lloc a nombroses confusions entre termes similars però substancialment diferents, com bé s'expressa en aquestes línies:

---

[75] Ruyman Rodríguez, membre de la FAGC i habitant de la Comunidad Esperanza de Canàries durant un parell d'anys, posa sobre la taula aquesta interessant reflexió en moltes de les seves xerrades. Les persones amb qui construïm projectes no són perfectes ni estan alliberades de molts mals del sistema actual. Treballem per millorar però no condemnem perquè això ens impedeix avançar partint de la realitat d'on som, encara que no ens agradi.

[76] En parla Byung Chul Han al llibre *La Agonía del Eros.*

«El peligro es que nos acabamos encontrando con un montón de opciones que pasan a ser "malas": la heterosexualidad (¿la sociedad no puede cambiar la orientación de homosexuales, pero la heterosexualidad ha de cambiarse?) en lugar de la heteronorma, la pareja (¿hay que ser más de dos obligatoriamente?) en lugar de ser conscientes del privilegio de pareja, de la monogamia heterosexual jerárquicamente superior (socialmente es así, por mucho que pienses otra cosa). La penetración vaginal heterosexual (en lugar de entender de qué es parte, y dónde está el problema de esa sexualidad jerarquizada ignorando la homonorma, por ejemplo). Tener que definirse como persona no binaria dando por hecho que definirse hombre o mujer no transgénero es un problema (en lugar de centrarse en el dolor y consecuencias terribles que ha traído esa clasificación de los seres humanos en dos únicos grupos, hombres y mujeres)… y así con un montón de ejemplos más[77]».

Creiem que en la manera de viure l'amor i els afectes ha d'imperar el principi de pluralitat. No pot haver-hi una ortodòxia que dictamini com és correcte estimar. L'amor i els afectes, la sexualitat, etc. poden ser vies molt potents de canalitzar diversos aspectes de la persona i no creiem que ens hàgim de tancar en estereotips respecte això, sobretot no confondre els estereotips, que poden existir com a tendències generals i els quals ens hem de qüestionar, amb l'experiència concreta de cada persona respecte l'àmbit sexo-afectiu de la seva existència. És important no sortir d'un estereotip (el romanticisme de l'amor romàntic) per caure en un altre (que allò més *guai* i *progre* és negar l'amor romàntic)[78].

Per altra banda, respecte la concepció de l'amor en termes més generals, certes derives del pensament feminista dictaminen que l'amor i l'afecte són una càrrega, un deure per a les dones[79]. Entenem la voluntat de visualització

---

[77] Article "A la mierda el amor, la familia, el romanticismo, las cenas con velas… ¡TODO!" a http://totamor.blogspot.com.es/2015/11/a-la-mierda-el-amor-la-familia-el.html

[78] «¿La libertad tiene una forma concreta y cerrada o es un concepto que refiere a la multiplicidad de opciones equivalentes entre las que poder escoger sin coacciones?» es pregunta B. Vassallo a "El poliamor is the new black": http://www.pikaramagazine.com/2014/10/el-poliamor-is-the-new-black/#sthash.xvgBqkii.dpuf

[79] Emma Goldman (op. cit.) ja va criticar aquesta tendència a inicis del segle XX: «Si la parcial emancipación quiere llegar a ser una completa y verdadera emancipación de la mujer, debe dejar de lado las ridículas nociones de que amar y ser amada, estar comprometida y ser madre, es sinónimo de estar esclavizada o

de les cures com allò que sosté la vida i que sovint donem per descomptat però ens sembla perjudicial si això es fa per posar sobre la taula que «no hi ha res gratis». La maternitat, l'afecte en la parella, etc. són simplement "tasques" iguals que qualsevol altra? Pensar així ens pot portar, i ens porta, a les dones alliberades, a voler que es reconegui aquesta tasca cobrant-la o bé "externalitzant-la" en professionals, que cuidin els nostres fills i ancians. Pensem, per contra, que els afectes són part de la vida i que, en termes generals, no hi ha ningú millor que les persones directament implicades o que es vulguin implicar per dispensar-los als nostres iguals. Així, si fer crítica a l'assumpció majoritària o no per part de les dones d'aquestes "tasques" implica que ara això en la societat no ho farà ningú tret que li paguin, ens sembla una deriva perjudicial[80]. Afortunadament, no tothom vol anar cap aquí i generalment les crítiques en aquest sentit busquen repartir aquestes cures segons les possibilitats i necessitats que determinin les persones implicades, de manera equitativa i sense vulnerar l'autonomia dels altres ni tancar-se en rols preestablerts i inamovibles.

Oposar-nos a aquest sistema de barbàrie ens omple de contradiccions i allò important és ser-ne conscients. És a dir, si estem contra la mercantilització de la vida ens hauríem d'oposar a la mercantilització dels afectes i les cures, perquè no fer-ho significaria sumar-se a la barbàrie. Però per altra banda, assumint que vivim en el món que vivim, malgrat la crítica que puguem fer, no neguem que el sistema ens obligui a entrar en les seves disjuntives, i així és com moltes feministes -i no feministes- han acabat reclamant que es cobrin totes les tasques per igual, com defensa Silvia Federici[81], amb

---

subordinada. Se deberá dejar de lado la absurda noción del dualismo de los sexos o que el hombre y la mujer representan dos mundos antagónicos. La insignificancia separa, la amplitud une. Una verdadera concepción de la relación entre los sexos no debe admitir los conceptos de conquistador y conquistado; debe suponer solo esta gran cuestión: darnos sin límite con el objeto de hallarnos más ricos, más profundos, mejores. Sólo esto podrá llenar el vacío y transformar la tragedia de la emancipación de la mujer en una dicha, en una alegría ilimitada.»

[80] El documental de recent aparició "La Teoria Sueca del Amor" (http://gnula.nu/documental/ver-la-teoria-sueca-del-amor-2015-online/) ens pot fer pensar en aquest sentit, ja que denuncia una societat sueca totalment aniquilada a nivell d'afectes on aquests són dispensats per professionals estatals. En un altre context, el següent article denuncia els mals d'una criança sense afecte, posant d'exemple l'antiga URRS: "Suicidas, asesinos y otras desventuras" http://prdlibre.blogspot.com.es/2012/05/suicidasasesinos-y-otrasdesventuras.html

[81] Per exemple, al seu llibre *Revolución en punto cero*.

l'objectiu de posar sobre la taula que el sistema actual viu de la invisibilització del treball reproductiu i que visualitzar això implica una demanda impossible d'assumir econòmicament pel sistema, posant-lo en evidència. Entenem aquesta resposta però no volem deixar d'anar a l'arrel dels problemes, encara que ens impliqui contradiccions causades pel paradigma establert. Creiem que fa falta pensar, i llavors crear, un altre paradigma de vida.

A part de l'amor romàntic i l'assumpció de les cures, la família és també un tema que s'ha posat molt en entredit des dels anys setanta. Hi ha diverses consideracions respecte la família, i concretament podem veure dues tendències clares en els moviments feministes i més enllà d'ells. Per una banda, aquelles que consideren la família com una corretja de transmissió dels valors del sistema capitalista-jeràrquic-mercantil-estatista[82] i, per l'altra, aquelles altres tendències que la consideren un reducte de funcionament popular i horitzontal en un marc hostil i mercantilista[83]. A la llum d'aquestes consideracions, primer caldria veure de quina família estem parlant. La família que és objecte de crítiques despietades normalment és la família nuclear, un invent bastant nou i estrany en la major part de llocs del món, que com a model presenta molts defectes. Aquest tipus de família a Anglaterra i altres llocs fa segles que és la predominant però allò curiós i interessant és veure com el model es generalitza, a partir de les revolucions industrials, en gran mesura de la mà de l'Estat. Aquesta és la idea de família que tenim al cap moltes persones quan fem una crítica que no està exempta de raons. Tampoc està exempt de raons defensar que, al món actual, més val això que res, ja que les tendències són cada vegada més a l'aïllament individual -de família extensa en el marc de comunitats extenses, a família nuclear sense marc comunitari, a família monoparental, a individu solitari. Veient el panorama creiem que allò que pot unir les crítiques i les defensores de la família és la voluntat de trobar nous models familiars que superin l'aïllament social i la destrucció de la comunitat.

---

[82] Alguns exemples d'això serien el llibre *La muerte de la família* de l'antipsiquiatra David Cooper, escrit als anys setanta. També Abdulah Öcallan, líder kurd, al seu llibre *Liberando las mujeres, liberando la vida* (https://rojavaazadimadrid.files.wordpress.com/2015/04/v0-2-liberando-la-vida.pdf) parla de la família -clan com la primera forma organitzada de violència contra la dona.

[83] Com per exemple aquí: "Una nueva reflexión sobre la familia": http://prdlibre.blogspot.com.es/2012/06/una-nueva-reflexion-sobre-la-familia-en.html

14. D'allò personal i allò polític

Sobre el lema *allò personal és polític*, propi dels feminismes de la segona onada, tot i les seves virtuts que ja hem analitzat en l'apartat de «Revisitant la història», ens sembla que cal aprofundir-hi més per diversos motius.

Primer de tot, hauríem de veure què entenem per "polític". Pels feminismes de la segona onada, polític en el sentit que ho aplicaven volia dir que era important tenir en compte que en els àmbits micro també reproduïm les dinàmiques del sistema establert i que les opressions no només són dinàmiques macro-estructurals. També que nosaltres des d'allò personal i quotidià podem canviar dinàmiques que ens venen imposades. Aquest enfocament va ser molt útil i important en el seu moment, però ha anat mutant fins que ja no és de «política» de què parlem, sinó d'allò "políticament correcte".

Així, aquesta premissa ha acabat significant una invasió de la política i la ideologia en terrenys de diferència personal i en la intimitat (llocs on potser ni l'Estat, ni el mercat, ni la comunitat s'hi haurien d'immiscir). Que la forma com concebem i vivim la intimitat sigui *també* política, que s'hagi d'incloure en el canvi polític no vol dir que sigui *només* política o que sigui desitjable la seva *politització*, com està de moda en tants àmbits de la vida. L'excessiva politització, que marca una manera "políticament correcta" de com han de ser les relacions, corre el perill d'acabar amb la subjectivitat i el sentiment individual de com volem viure certs aspectes de la vida -com la maternitat, per exemple[84].

Seria important reivindicar que allò radical neix en cada cos sexuat amb la peculiaritat dels seus desitjos únics i per tant valuosos, i que aquests podran conrear-se des dels referents interns per a buscar allò que ve de gust, no des d'un nou ordre moral, per molt radical i *progre* que aquest es presenti.

Actualment, de fet, el procés va més aviat al revés: de la diferència personal, per exemple en allò sexual, se'n fa una política postmoderna i difusa que en el pitjor dels casos fa el joc al sistema i en el millor no té prou força per a superar-lo en centrar-se en qüestions massa personals o "identitàries" fugint d'un paradigma més holístic de transformació social general. Així, allò polític passa a ser el canvi personal, perquè ja no creiem en allò polític. També hauríem de veure què estem polititzant i què no; els feminismes han

---

[84]"¿Qué es una maternidad subversiva?" http://lasinterferencias.blogspot.com.es /2014/05/que-es-una-maternidad-subversiva.html

tendit a «polititzar» els problemes de la dona -entenent-los en un marc d'opressió més general- mentre que les mateixes problemàtiques s'individualitzen en el cas dels homes, entenent que en el primer cas existeix una opressió estructural (patriarcal) i no en el segon[85].

Però, com dèiem, polític no s'ha d'equiparar a políticament correcte. Segons el nostre punt de vista, polític ho és tot perquè entenem per política la política autònoma, és a dir, la possibilitat de discutir i dialogar sobre tot allò que és discutible i arribar a les decisions i conclusions que trobem encertades en cada moment. Això exclou doctrines tancades i estàtiques però no nega el debat i l'anàlisi de cada situació, i els posicionaments que prenguem que evidentment tenen a veure amb els nostres entorns socials i les conclusions que extraiem del diàleg amb els nostres iguals.

És clar, doncs, que els dos àmbits -personal i polític- s'influeixen mútuament, però també podríem argumentar que cada àmbit té el seu espai i poden funcionar amb premisses diferents. No pensem que sigui encertat que ens hagin de dir què és allò políticament correcte al llit, ni per bé ni per mal, ni amb unes idees més progressistes ni amb unes de més conservadores[86]. Defensem una informació clara i veraç i la llibertat de varies opcions sexo-afectives on cadascú vegi allò que li va millor mentre no repercuteixi en la igualtat política-pública, que ens sembla inqüestionable i que avui en dia brilla per la seva absència. Hem de guiar-nos per l'autonomia i la consciència, és a dir, essent conscients de les influències de l'entorn, perquè som éssers socials, i, a partir d'aquí, intentar decidir amb consciència de causa, allò més proper a decidir lliurement.

Com que la igualtat política-pública ara mateix no existeix, ja que vivim en una falsa democràcia on el poder real de decisió sobre les nostres vides està molt lluny de fer-se efectiu, no és sorprenent que posem èmfasi almenys

---

[85] Un exemple d'aquest raonament es pot trobar a "A vueltas con la violencia machista": https://www.regeneracionlibertaria.org/a-vueltas-con-la-violencia-ma chista

[86] La revolució sexual dels anys 70 del segle XX ja va fer-ho i no va aconseguir acabar amb les opressions ni en les relacions ni en la societat en general, i si bé va servir per flexibilitzar la moral i alliberar la vida en certs aspectes també va impulsar una banalització molt en línia amb els valors consumistes del sistema establert. Avui en dia aquesta tendència llibertina -una cosa és llibertat i l'altre llibertinatge- segueix fent-li el joc al sistema. Les pràctiques BDSM per exemple, es presenten en alguns entorns com a suposadament transgressores front al sexe "convencional".

en els canvis "micro" i en aquelles esferes de la vida que pensem que podem controlar o viure segons els nostres valors. Allò íntim era polític quan allò polític estava a l'abast de la gent, és a dir, quan hi havia comunitat. Però, actualment, la premissa *allò personal és polític*, més que com un símptoma de politització, es pot veure com un símptoma de despolitització general de la societat: una usurpació cada vegada més gran de l'esfera política- pública per part de l'estat i l'empresa, que dona lloc a una cada cop més gran emergència d'una esfera "política privada", per molt estrany que soni el terme. Ens agafem a un clau roent, a allò que almenys sentim que podem controlar, que cada vegada són parcel·les més petites de la vida i l'existència – al mateix temps que la nostra llibertat de consciència està essent bombardejada constantment des de diversos fronts.

Sigui com sigui, pensem que és un error atribuir els valors de l'esfera política pública a l'esfera política íntima atès que, com diu la sexòloga Esther Perel, «les normes del llit nupcial no són les mateixes que les de la plaça pública»[87]. Així, un procés de deserotització s'esdevé quan intentem funcionar amb les mateixes premisses en àmbits molt diversos: el respecte i el consentiment no haurien d'excloure la fantasia i la imaginació, que són bases del plaer íntim.

Tampoc podem obviar que, de fet, allò personal i allò polític cada cop estan més entrellaçats, però des de la perspectiva de la manipulació que en fa el poder. Així, l'Estat i l'empresa cada vegada entren més en aquest àmbit micro-personal de l'individu i en les relacions interpersonals i, com que no hi ha llibertat ni comunitat, el desconstrueixen i el construeixen "a la seva manera".[88] Tània Gálvez defensa que la coneguda frase s'està invertint i que en aquest sentit ara podríem més aviat dir que «Allò (bio)polític és personal»[89].

En aquest sentit es posiciona també Robert Kurtz[90], quan remarca que el neopatriarcat actual és molt pervers ja que podem observar una tendència a cooptar les "virtuts femenines" com l'emocionalitat, l'empatia, l'afecte, etc.,

---

[87] En parla al llibre *Inteligencia Erótica* (2007).

[88] Hi ha qui ja parla de la " tirania dels experts"

[89] A "Lo biopolítico es personal": http://www.lasinterferencias.com/2015/10/13/crees-que-pudieron-hacerte-esto-durante-tus-primeros-minutos-de-vida-lo-bio politico-es-personal/

[90] A "Virtudes femeninas" (op.cit).

que tradicionalment es desplegaven en l'àmbit privat per fer créixer l'amor, cap a l'àmbit empresarial on el que faran serà fer créixer els diners i seguir perpetuant el sistema de dominació: «Aunque la mujer activa deba probar con más intensidad su firmeza y su fría "objetividad" si quiere hacer carrera, el *"management* postmoderno", al contrario, descubre las virtudes de una supuesta "inteligencia emocional" para la estrategia empresarial y el rendimiento individual en una situación de guerra económica. Por último, el *"management* afectivo" ha hecho su aparición como programa de *coaching* propuesto en libros y seminarios. Hordas de "expertos en emociones" e "investigadores de ciencias afectivas" abogan por el reconocimiento de una "cultura de la emoción" o de la posibilidad de una "gestión emocional" del estrés. Se trata claramente de manipular sus propios sentimientos y experimentaciones subjetivas, a fin de regularlas en una óptica utilitarista. Las emociones, antaño relegadas a la esfera disociada de la vida privada y de las mujeres, se ven pues en parte "recuperadas" por el capitalismo y explotadas en el marco de técnicas que apuntan al éxito profesional. (…) Los comportamientos y los modos de vida separados se encuentran de nuevo −pero de la peor de las maneras: la esfera autónoma de la economía comienza a absorber las normas de conducta, roles y "caracteres" reservados hasta ahora a la intimidad y al hogar, a fin de instrumentalizarlos al servicio de la lógica del dinero».En aquest context resultaria útil, potser, sortir en defensa de la nostra intimitat, dels nostres desitjos i dels nostres vincles en les relacions i en la comunitat. Que la nostra intimitat envaeixi els valors d'allò públic, i no a l'inrevés.

Per últim, ens agradaria assenyalar que les dones revolucionàries del moviment kurd fan diverses crítiques als feminismes occidentals, una de les quals és precisament que elles entenen la lluita de les dones com a part d'un moviment revolucionari ampli de tota la societat, en canvi, a Occident, la lluita de la dona ha acabat deixant enrere un canvi social més ampli i centrant-se en una sola parcel·la identitària, la lluita de les dones. Al Kurdistan elles lluiten des de la posició de dones però en el marc d'una revolució més amplia. Aquí, per falta de projecte i moviment revolucionari, cada sector s'entén separat i per tant les polítiques dels diferents grups o sectors socials enlloc de sumar a un projecte comú més aviat li resten forces. Podríem dir que allò personal és polític, sí, però amb això no volem dir que allò polític és només allò personal, tendència empresa en els darrers temps per la major part dels feminismes i pels moviments socials occidentals en general. Així, com explica el text de "Cuando abusamos del abuso....[91]": «Tomar conciencia de las necesidades de cambio pero limitarse a crear espacios de mujeres y rechazar la participación en el mundo patriarcal supone aceptar la "no participación" que históricamente ha sido adscrita a las mujeres por lo que difícilmente puede ser entendida como reivindicación política».

15. Algunes conclusions parcials i posicionaments

Al llarg d'aquest text hem fet un repàs de diverses qüestions abordades en el marc del Grup de Reflexió i Suport Antisexista durant el curs 2015-2016, intentant tractar-les amb certa profunditat. Sabem que hi ha moltes temàtiques que no hem abordat, que queden al tinter, que caldrà seguir pensant i desenvolupant al llarg del temps. Sabem que haurem comés errors en les interpretacions que fem, que no estem en una posició majoritària respecte el que pensem i, no obstant, sentim el desig d'expressar-nos i compartir.

Hem parlat dels factors que influeixen en la manera de percebre la realitat, de les diferències més importants que percebem entre els paradigmes feministes que coneixem i allò que intuïm i compartim en el marc d'aquest grup.

Per una banda, una part important, pel que fa a les diferències respecte els feminismes que coneixem, té a veure amb el fet de saber si busquem l'arrel dels nostres problemes i, per tant, de les solucions que podem dibuixar, en un qüestionament profund del sistema i en la voluntat radical de la seva transformació, o bé ens quedem amb una visió superficial i estàtica de la qüestió de les relacions entre gèneres. Quan diem que qüestionem la idea de la violència estructural, no estem negant que la violència contra les dones sigui part de la història i malauradament de l'actualitat. Quan es parla de Patriarcat s'assenyala la violència com a forma organitzada i sistemàtica d'opressió contra les dones, a partir d'una conspiració que va tenir lloc en un determinat moment històric i que continuaria fins als nostres dies. Aquesta violència organitzada seria una estructura fixa que es reproduiria al llarg de tota la història, d'una forma unidireccional -homes cap a dones- i que veuria en totes les formes d'opressió l'arrel de la divisió sexual del treball, sense

---

[91]"Cuando abusamos del abuso...." (op. cit).

tenir en compte que les relacions entre gèneres es troben afectades per múltiples factors (sociològics, econòmics, tecnològics, etc).

Aquesta visió monolítica de la història no ens satisfà, tot i que tampoc neguem que hi hagi hagut moments històrics i llocs on la dominació i la subjugació femenina ha estat especialment accentuada i promoguda. Tot i això, creiem que és contraproduent seguir parlant en aquests termes avui en dia. Per això, més que de Patriarcat i de la seva contrapart feminista ens sembla més adequat parlar de Sexisme, que és una tendència mesurable, concreta, en cada moment històric i situació particular, de com estan les relacions entre gèneres a nivell d'equitat, de desigualtats, d'opressió, jerarquies, etc[92]. El sexisme també ens remet a una visió bilateral o multilateral de l'opressió de gènere, no només unilateral, com hem posat sobre la taula anteriorment. Si bé és cert que hi ha feminismes que afirmen que el patriarcat oprimeix les dones però que també perjudica als homes, no coneixem feminismes que expressin que el patriarcat és una estructura que oprimeix homes, dones i a tots els gèneres[93]. En cas que existís aquesta tendència dins els feminismes, pensem que no tindria sentit seguir donant tant de pes a la dominació patriarcal ja que pel seu propi nom faria referència a només una part

---

[92] «El Patriarcado entendido como realidad totalizadora y separado de la realidad social de cada momento entraña una serie de peligros, entre ellos la culpabilización de un sexo en su conjunto —de todos los hombres por el hecho de ser hombres— y la consecuente victimización del otro —a saber, las mujeres—. Olvidando que no podemos oponer a ambos sexos como si de dos clases sociales se trataran puesto que, aunque compartamos características, no todas las mujeres somos iguales ni nos encontramos en igual situación frente a los hombres, del mismo modo en que no todos los hombres son iguales. Tratamos de distanciarnos de este concepto no porque creamos, como afirman muchas teóricas postmodernas, que estemos asistiendo a su final, —¡ojalá estuviéramos en situación de poder afirmar eso!— si no porque consideramos que para entender las relaciones de los sexos en su conjunto es necesario la superación de la opresión por parte de los hombres como marco explicativo; no porque estemos menos oprimidas de lo que podamos pensar, sino porque tanto hombres como mujeres somos víctimas en el reparto de roles, expectativas y tareas. Ambos sexos somos explotados, y la transformación de la realidad social es responsabilidad tanto de unos como de otras» a "Cansadas de tanto neofeminismo y políticamente incorrectas" (op. cit.)

[93] En aquesta línia estaria l'autora Casilda Rodrigáñez, que s'expressa en aquests termes: «La civilización patriarcal no se define por el dominio de los hombres sobre las mujeres, sino por el tipo de ser humano, masculino y femenino, que hace posible tal dominación». Malauradament la seva expressió no sembla haver tingut una influència pràctica en la majoria de paradigmes feministes.

del problema i no a la totalitat. Malgrat això, hem de reconèixer que la narrativa del patriarcat conté les seves veritats i posa de manifest l'opressió específica del gènere femení en determinats moments històrics i que, més enllà del seu grau de veracitat com a estructura omnipresent, el fet de conèixer les seves arrels històriques ajuda i ha ajudat a moltes dones a fer-se fortes i conscients de les diferències de tracte que les poden haver perjudicat al llarg del temps i a mobilitzar-se per qüestionar les regles del joc i, si fos menester, lluitar per canviar-les. De totes maneres, allò que pot tenir de funcional aquesta visió, també ho pot tenir de contraproduent, com hem constatat al llarg del text i com constatem, sobretot, en les nostres pròpies vides i en les dinàmiques que es generen en l'actualitat. Un clar factor contraproduent que hem de posar damunt de la taula és que no podem utilitzar la narrativa del patriarcat en abstracte, com es fa sovint, per obviar els problemes concrets i complexos que la realitat ens posa davant.

Per altra banda, la visió de la violència estructural, com hem analitzat en aquest text, és un fort punt d'unió entre tot tipus de feminismes. Aquesta visió provoca una asimetria en la interpretació de la realitat que condueix a una desigualtat clara en molts casos, que es converteix fàcilment en injustícia amb la llei estatal de la seva part i que provoca confusió, por i dolor en la vida quotidiana de milers de persones. La Llei Orgànica contra la Violència de Gènere és paradigmàtica en aquest sentit i, en partir també d'aquesta premissa, es podria considerar una llei sexista ja que tracta diferent homes i dones, i sotmet als primers anul·lant la presumpció d'innocència i privilegiant a les segones en motiu del seu sexe. És aquesta llei una resposta a les demandes de la realitat o una clara intervenció en la realitat a partir d'una premissa que enfronta els de baix en allò més íntim i personal[94]?

Així doncs, el que ens separa dels feminismes ara mateix és sobretot aquest paradigma i les respostes que genera per solucionar els conflictes existents. Pensem que les crítiques i autocrítiques dins els sectors feministes, que són molt variats, en general arriben com a molt a qüestionar certes accions (com és el cas en el conflicte de Itaca Band, en que algunes persones i

---

[94] Es pot trobar una reflexió al respecte d'aquesta qüestió al següent article: "Violencia de género y responsabilidad colectiva", que podeu trobar aquí: https://www.revolucionintegral.org/index.php/blog/item/97-violencia-de-genero-y-responsabilidad-colectiva

sectors s'han posicionat en contra de les accions dels grups feministes denunciants[95]), però no arriben generalment a qüestionar les idees fonamentals en les que es basen aquestes accions, el paradigma de fons, que és evidentment el que esperona i justifica tals accions a ulls de moltes altres persones. Sense canviar el paradigma de fons, no es podran superar els conflictes existents. No pensem tampoc etiquetar-nos com a antifeministes, perquè no estem en contra de l'equitat, ni de la igualtat, ni de la diferència, i evidentment no pensem que l'home sigui millor que la dona, ni que s'hagi d'oprimir a ningú per raó del seu sexe, ni que hàgim de mantenir els privilegis de ningú sobre ningú.

Tornant al qüestionament del sistema en la seva arrel profunda i en cada context històric, veiem que molts plantejaments feministes no ens convencen perquè donen per descomptat el sistema que vivim i tracten d'adaptar-s'hi, suposadament fent a les dones més «fortes» en aquest món existent, en aquesta societat degradada. Però és que situar la lluita feminista en aquest sistema que és profundament antifeminista, ja que és un sistema que està en contra de la vida i la destrueix, sense intentar proposar una nova manera de mirar i d'actuar que ens permeti canviar el marc actual, ens sembla un enfocament molt limitat. La limitació d'alguns feminismes és assenyalar els homes com als màxims opressors de les dones, en comptes d'assenyalar les condicions socials, econòmiques, tecnològiques, polítiques etc. imperants que provoquen una clara desigualtat que pot comportar -o no- una dominació.[96] Per explicar-ho en termes concrets, posant exemples: no és la maternitat i la criança el problema, sinó el sistema de la modernitat capitalista que

---

[95] Aquí un valent exemple d'una persona individual crítica amb el procés seguit: https://www.facebook.com/roger.vilalta.1/posts/1439347896147922

[96] Confondre desigualtat i dominació és una cosa molt comuna en la perspectiva feminista habitual. Per això es fa difícil, en fer un judici històric o sobre altres societats, alliberar-se del sistema de valors actual i és molt fàcil projectar el nostre paradigma de pensament a altres situacions sense potser arribar-les a comprendre en la seva complexitat. Interpretar certes qüestions com una opressió té molt a veure amb el nostre sistema de valors actual. Però, era tal o qual cosa, en aquell moment o en aquella societat, una qüestió de desigualtat i opressió? Potser la manera de mirar el problema és el problema. Per pal·liar les nostres projeccions tenim l'opció de recórrer a mites de societats perfectes sense guerres ni desigualtat de cap tipus, quan potser seria més factible assumir que sempre hi ha hagut diferenciació de gènere però que el fet que això impliqui una desigualtat o no recau sobre tot en la nostra interpretació, en la nostra mirada... Per exemple, en el cas de la tribu dels Mossuo, a la Xina, ells, els homes, pinten veritablement poc en moltes qüestions importants

ha separat la vida familiar de la vida pública, impedint així que qui té cura del sosteniment de la vida pugui també ser part de l'esfera pública política més amplia, que no oblidem que ha estat en gran part destruïda. El problema no és tampoc la parella heterosexual sinó la cultura de l'aïllament i l'individualisme imperant, que tanca l'amor i l'erotisme en el terreny d'allò privat, despullant-nos de la seva força comunitària i social. La qüestió de la violència i el seu abordament no es pot desvincular del tipus de societat que tenim i de l'aïllament, l'alienació i anonimat en què viu la majoria de gent, el desarrelament i la falta de suport mutu comunitari per fer front a la vida. Ni de l'oci consumista i escapista[97]. Així, un feminisme que anés a l'arrel hauria de fer una punyent crítica a la modernitat capitalista i veure allò que hem perdut pel camí i allò que fa impossible superar qualsevol tipus d'opressió, si no és que que reconstruïm el que ens han expropiat, si no és que que ens reapropiem de les nostres vides en la seva globalitat[98].

---

de la societat. Des d'aquí se'ls podria veure com a clarament discriminats. Però ells mateixos no ho entenen com a tal, com es pot veure en el documental "El reino de las mujeres" quan se'ls pregunta com se senten amb el "poder" que ostenten en la societat. Una altra qüestió seria el vel islàmic: és sempre una imposició dominadora cap a la dona? I per què no veiem que la moda, el maquillatge, els talons i la pressió estètica en general és també un indici de dominació i opressió cap a la dona occidental? D'altra banda és remarcable que en la tradició catalana hi hagi certes distincions en els rols familiars que no sempre van lligades al gènere, i que també es podrien veure com una desigualtat. Tenen a veure, per exemple, amb la posició que ocupen a la família (pubilla o hereu si ets el primer fill/a)) i no té a veure amb el sexe. En el cas de treballs diferenciats en funció del gènere, o fins i tot eines de treball específiques per gènere, que es donava a l'edat mitjana hispana i en altres temps i llocs, com explica Pablo Sastre en el seu llibre *La presencia de las cosas* (2008). Això implicava una desigualtat? Per què es feia? Hi ha molt a entendre i a estudiar al respecte.

[97] Un llibre interessant i crític en aquest sentit, tot i que no entra en la qüestió de gènere i festa, és *El opio del pueblo. Critica al modelo de ocio y fiesta en nuestra sociedad* de Pablo San José (2015).

[98] Com afirma el text "Virtudes femeninas", de Robert Kurz (op.cit.), «La investigación feminista en historia y sociología ha mostrado desde hace mucho tiempo que la discriminación y el menosprecio del que se ha hecho objeto a la mujer en la era moderna no son ni una "reliquia" de las condiciones premodernas ni una simple voluntad de poder por parte del sujeto masculino: arraigan por el contrario fuertemente en nuestras propias condiciones modernas. Aunque lo piense la mayoría de la gente, la modernización no ha atenuado la dominación patriarcal; al contrario, la ha intensificado. Corresponde a la economía capitalista haber producido entre hombres y mujeres una escisión tan extrema que podríamos creer que procedieran

Així, hem de qüestionar els mites fundacionals de la societat liberal-capitalista, entre els quals hi ha el mite que les dones han estat sempre oprimides pels homes al llarg de la història. Què entenem per subjugació? Tota diferència implica una desigualtat? A qui perjudica aquesta desigualtat?[99] La majoria de dones -i la majoria d'homes també- han començat a estar oprimits en el moment que el focus d'atenció social ha deixat d'estar centrat en les necessitats, en el sosteniment de la vida i s'ha posat en el creixement, en el benefici, el negoci i l'acumulació exponencial de riqueses. En el moment que el saber popular s'ha reduït a parloteig i s'ha imposat la tirania dels experts. En el moment que partint de l'expropiació dels mitjans de vida bàsics, el treball assalariat ha estat la única forma de guanyar la nostra emancipació i independència[100].

---

de planetas diferentes. En las sociedades premodernas, no existía todavía ninguna separación estricta entre producción de bienes y esfera doméstica. Las asignaciones de género, en consecuencia, eran menos rigurosas, con las mujeres teniendo plenamente su lugar en la producción agrícola y artesanal. Pero la economía de mercado moderna transforma la producción de bienes en una esfera autónoma dirigida a la maximización de una ganancia económica abstracta, y de esta manera en un elemento central de la esfera pública burguesa dominada por los hombres. Lo sabemos bien: capitalistas y hombres de negocios se reclutan mayoritariamente entre el género masculino».

[99] «Redefinir las diferencias como desigualdades obliga, además, a condenar los aspectos en los que tales diferencias se hacen ineludibles. Al no ser capaces de explicarlos, la solución más sencilla es rechazarlos. De esta forma, todo lo concerniente a la vida íntima de los sexos —amor, paternidad/maternidad, cuidado, pareja, vida doméstica, etc. —, donde la diferencia entre hombres y mujeres se hace más evidente, es interpretado como fruto de la desigualdad patriarcal y fuente de violencia contra las mujeres. Perpetuándose así el malestar entre unos y otras y sin aportar soluciones» a "De los sexos y sus diferencias" (op. cit.)

[100] Ivan Illich a *El género vernáculo*: «Al reflexionar, veo ahora que una economía industrial sin una jerarquía sexista es tan inconcebible como una sociedad preindustrial sin género, es decir, sin una clara división entre lo que hacen, dicen y ven hombres y mujeres. Ambos son sueños de opio, sin importar el sexo de quien los sueña. Pero la reducción del nexo monetario, es decir, de la producción y la dependencia de mercancías, no está en el reino de la fantasía. Tal repliegue, es cierto, significa la renuncia a las expectativas y los hábitos cotidianos hoy considerados "naturales al hombre". Mucha gente, incluyendo algunos que saben que dar marcha atrás es la alternativa necesaria al horror, considera imposible esta opción, pero un número rápidamente en aumento de gentes experimentadas, junto con un creciente número de expertos (algunos convencidos y otros oportunistas) coinciden en que es la decisión más sabia. La subsistencia que se basa en una desconexión progresiva del nexo monetario parece ser hoy una condición de supervivencia».

En aquest sentit, algunes tendències feministes, especialment els feminismes que parlen de la importància de les cures, del sosteniment de la vida, de l'economia feminista, etc. estan molt propers a aquests postulats. Malgrat això, tenen també una visió reduïda i parcial de la qüestió, atès que tenir cura no és només allò que s'associa al sexe femení -acompanyar, escoltar o tenir empatia- sinó que hi ha moltes formes de tenir cura[101], de la mateixa manera que també hi ha moltes formes d'exercir la violència. La cura s'ha atribuït a allò femení i la violència a allò masculí, però el que veiem és que els dos sexes ho poden fer, expressant-ho de maneres diferents. Per això, en comptes d'economia feminista podríem parlar d'economia de les cures, d'economia al servei de la vida... perquè sinó estem excloent la cura dels homes -de la mateixa manera que sovint excloem de la nostra visió la violència que exerceixen les dones- o pretenent incloure'ls en uns motlles que potser no són els seus, i també estem excloent les dones que no es consideren feministes, o pretenent incloure a totes les dones en uns determinats motlles.

Aquests feminismes de les cures tenen també en comú amb els altres feminismes la visió estructuralista del patriarcat i per tant, un enemic comú contra el qual lluitar. En aquest sentit, pensem que els sectors feministes autònoms haurien de qüestionar-se certes premisses i mites que les uneixen a altres feminismes en base a etiquetes superficials i apropar-se a persones i col·lectius que, malgrat no adoptar el nom de feministes, a la pràctica estan molt més propers a elles que els altres que sí que fan bandera d'aquest nom però que segueixen venent la vida al millor postor. No trobem que sigui contraproduent tampoc participar en moviments o plataformes més transversals des de sectors autònoms però, en cas de fer-ho, allò rellevant és tenir una posició autònoma clara i pròpia, des de la qual aportar críticament a la resta de tendències, i no simplement sumar persones i col·lectius en una falsa aparença d'unitat. En altres paraules, allò potent seria desenvolupar un discurs propi i, des d'aquí, fomentar l'autocrítica a d'altres sectors del moviment feminista. El desenvolupament d'aquesta posició pròpia dels feminismes autònoms es pot fer treballant conjuntament amb posicions autònomes tinguin el nom que tinguin, en base a una cosmovisió compartida de la perversitat del

---

[101] «La incorporación de los hombres en las tareas de cuidado —entendidas como tareas encaminadas al sostenimiento de la vida— se ha visto a menudo traducida en una imposición del modo femenino de cuidar. Como si el cuidado fuera realmente una cosa solo de mujeres o los hombres no vinieran cuidando también desde antaño...» A "De los sexos y sus diferencias" (op. cit)

sistema en què vivim i de la voluntat de sortir de l'estat-mercat i dels valors i pràctiques dominants que ens fa ser esclaves, i que es poden manifestar amb moltes cares. Pel sosteniment de la vida, per la cura de les cures, ens podrem trobar més enllà d'etiquetes i interpretacions paradigmàtiques de la realitat.

Per altra banda, s'ha de dir que, en l'actualitat, molts corrents feministes no només han estat cooptats, assimilats o tolerats pel sistema, sinó que s'ha fet un pas més: s'ha agafat "l'arma" feminista i ara es fa servir contra les pròpies dones, com una arma al servei del poder per destruir les dones i també les relacions entre sexes, dividint i enfrontant el poble[102]. Davant d'això, el feminisme més alternatiu i el transfeminisme, en comptes d'ampliar la perspectiva i entendre's en un marc més holístic i general, segueix sobretot centrant-se en allò micro i allò personal, parcel·lant i marcant infinitament les diferències, cosa que acaba fent el joc al sistema i enfortint-lo, ja que enlloc d'integrar es segueixen trobant nous nínxols d'identitat que, per profunds que semblin, ens podem acabar perdent en ells, en una societat en aparença cada vegada més heterogènia però profundament homogeneïtzadora. Per més que indaguem en la diferència hem d'anar també a l'essència. Que la complexitat no ens faci perdre l'essència i la coherència, la unitat en la pluralitat.

Hi ha qui defensa que la història i el nostre pensament funciona mitjançant la tríada "tesi- antítesi -síntesi". La majoria de feminismes actualment es queden en una antítesi al que suposadament ha estat la història de les relacions entre sexes, invertint rols i somrient a la dominació[103]. L'antisexisme es vol situar en una síntesi, anar un pas més enllà expressant: "juntes, les

---

[102] Vegeu alguns d'aquests vídeos per aprofundir en aquesta qüestió: "Guerra de sexos y destrucción de la condición humana": https://www.youtube.com/watch?v= 4AX7xyO6h_0, "Guerra de sexos, destrucción de la civilización y la persona": https://www.youtube.com/watch?v=QF5VUAbuSWQ&app=desktop o també el programa de ràdio Punt d'Inflexió sobre "Feminismo y guerra de sexos provocada artificialmente por el poder": https://www.ivoox.com/punt-d-inflexio-n-18-donde-hablamos-feminismo-audios-mp3_rf_4529560_1.html

[103] Com diu aquesta magnífica cançó, de la qual també hem extret el títol que dona nom a aquest text: "Juntos ellos y ellas" (Accidente, 2014): https://www.youtube.com/watch?v=JgoENMlL1VI. També la cantautora Sílvia Tomàs al seu recent disc "Següent Pas" ens regala una cançó amb el títol " Ellas y ellos". que ens interpel·la a diferenciar entre aquelles persones que «andan pisando» i les que «piensan andando».

persones", en equitat i reciprocitat, traient el millor de cadascú sense enca-
sellar-nos en rols, un nou ésser humà que integri les qualitats "femenines" i
"masculines" sense perdre la connexió amb el nostre ésser que és també se-
xuat, amb les connotacions biològiques i socials que això pot implicar però
sense fer d'això una excusa per oprimir ni dominar ningú.

La història des del punt de vista antisexista s'explicaria remarcant deter-
minats aspectes que normalment passem de llarg, buscant societats i mo-
ments en què l'arquetip sigui i hagi estat d'unitat entre les persones. No es
tractaria tant de buscar visualitzar el paper de la dona al llarg de la història
(per molt important que això sigui), no tant preguntar-se tant si la dona hi ha
sigut o no, si el seu rol ha estat prominent o no -com fa la historiografia
feminista- sinó de recuperar i fer una història del poble, i de les dones i ho-
mes que n'han format part i les diverses tasques i posicions que han ocupat,
els seus problemes, necessitats, virtuts i defectes. El poble desintegrat i di-
vidit que observem ara, no ha estat així al llarg de la història, sinó que en
molts moments s'ha erigit com una força en tensió i oposició a les dinàmi-
ques del sistema establert, lluitant amb diversitat de tàctiques però des de la
unió. Què ha passat amb aquesta lluita popular? Com integrar la lluita contra
les estructures de dominació externes i la lluita contra les nostres pròpies
estructures interioritzades de dominació? En cada moment històric, quin pa-
per han jugat homes i dones? Han cooperat, s'han enfrontat? En què i per a
què? Quins factors influeixen com vivim la vida? (estructurals, sexuals,
emocionals, polítics...) Abordem la complexitat de la vida sense més reti-
cències, sense més desviacions, amb el cor obert i esmerçant-nos.

Perquè només ho podem fer nosaltres. Però soles, no ho podem fer.
Contra el sexisme i l'opressió, juntes (les persones)!

Grup de Reflexió i Suport Antisexista
Barcelona
Tardor 2017

www.ingramcontent.com/pod-product-compliance
Lightning Source LLC
Chambersburg PA
CBHW021147260726
48656CB00025B/1899